バリー・カンリフ
小林政子 訳

ギリシャ人ピュテアスの大航海

史上初めて北極へ旅した男

THE EXTRAORDINARY VOYAGE OF PYTHEAS THE GREEK

BARRY CUNLIFFE

青土社

ギリシャ人ピュテアスの大航海　目次

本文中の（　）の用い方は著者および原著の表現に準じ〔　〕内と＊は訳者によるもの。

ギリシャ人ピュテアスの大航海　史上初めて北極へ旅した男

序文

本書は二千三百年以上も昔、ピュテアスという名前のギリシャ人がヨーロッパ大陸を経由して濃密な靄と氷の海が溶け合うような極北の地へ旅をした物語である。彼は同時代の人びとから優れた科学者とも、大嘘つきともいわれているが、近年ピュテアスに関する証拠を調べた学者たちは、クック船長やコロンブス、ガリレオ、ダーウィンになぞらえている。現代では、彼が辛うじて人が住める「極北の島《ウルティマ・トゥーレ》」へ旅したことを疑う者はいない。それにしても、ピュテアスがどのように旅をし、どこへ行き、何を見たかが今でも謎であるように、この時代のギリシャ人にとって恐ろしい北大西洋沿岸は謎に包まれていた。

本書のテーマは、マッサリア（現マルセイユ）の人ピュテアスとその旅であり、「どうして旅をしたことが分かるのか」について解説したい。断片的な証拠やわずかに残る古典の断片をふるい分け、数々の考古学上の発掘を精査して、ピュテアスが生きた世界の姿と知識、さらに、航海途上で出会ったギリシャ・ローマ世界とは異質な蛮族の土地の再現を試みる。そんな探偵じみたことをしなければならないのは、ピュテアスが無事に見慣れた地中海に戻ってきてから著した『大洋について』が二千年前に失われてしまったからである。

紀元前三二〇年頃『大洋について』が公にされたときは強い衝撃を与えたにちがいない。ギリシャ人はヘーラクレースの柱（ジブラルタル海峡）以遠は何も知らなかったのだから当然だろう。ヨーロッパが海に面していることは知っており、世界はその大洋に囲まれていると考えていた。謎に包まれた陸地と海の境目のどこかから琥珀や金がもたらされることも知っていたが、それ以上は分からなかった。地中海世界を含む自然の障壁、すなわち、バルカン山脈、アルプス山脈、セベンヌ山地、イベリア半島のメセタ高原の彼方には、ギリシャ人よりはるかに遅れた、文化を持たない人びとが住んでいた。彼らはギリシャ語を話せず、動物のなき声に似た音声で意思を伝達し合った。ピュテアスはそんな蛮族の中を通り抜け、人が住める世界の極限に到達し、自分が見たことを淡々と綴った。誰もが信じられない思いでピュテアスの物語を読んだことだろう。彼は知識層に大西洋沿岸の世界を明らかにしたが、それは人々が考えていた世界観とは相容れなかった。

今に残るピュテアスの記述の断片は、フランスのブルターニュ地方とイギリス諸島、北海の東海岸についての最も古い記録である。それはヨーロッパ北西地域の歴史の始まりであり、イギリス人は初めて祖先を垣間見る。それから約三百年後の紀元前五五年、次に地中海世界からイギリスを訪れた知識人はユリウス・カエサルで、短期間ブリテン島の入りやすい地域を探検した。

ピュテアスの次にオークニー島まで北へ行ったのは四百年後のことであり、土地の族長はユリウス・アグリコラが指揮するローマ軍分遣隊に服従した。冒険家ピュテアスは何世紀にもわたってその時代の人々の常識を揺さぶり、まったく新しい世界に目を開かせた数少ない真に優れた人物の一人である。

新時代の扉を開くようなピュテアスの航海と彼が突き進んで行った秘境を私はわくわくしながら調べ、この謎の多い科学者の物語を書き上げた。私は臆面も無くピュテアスとともに旅をし、旅の終わりがどこか知らないままに、手がかりを頼りにどこへでもついて行き、時には立ち止まって観察し、全体を見直した。つい気を取られて脇道に入り込んでしまったこともある。初期の航海、ギリシャの天文学、錫の採掘、神話の起源、そして琥珀を産む原始の森へも行く。読者はピュテアスの後について彼が目の前に広がる大西洋に漕ぎ出したときのぞくぞくするほどの驚きを共に味わうだろう。同時に考古学者の喜びと楽しさも味わえるだろう。

とはいえ、まずはピュテアスの生きた世界をある程度理解しなくてはならない。そこは地中海西部の閉じた世界であり、沿岸の諸都市は海に向かって建てられ、後方の高原や山地には蛮族が住んでいる。ギリシャ人、エトルリア人、ローマ人、カルタゴ人が競い合い、力で経済や政治的支配を奪いとろうとして緊張が高まりつつある世界だった。

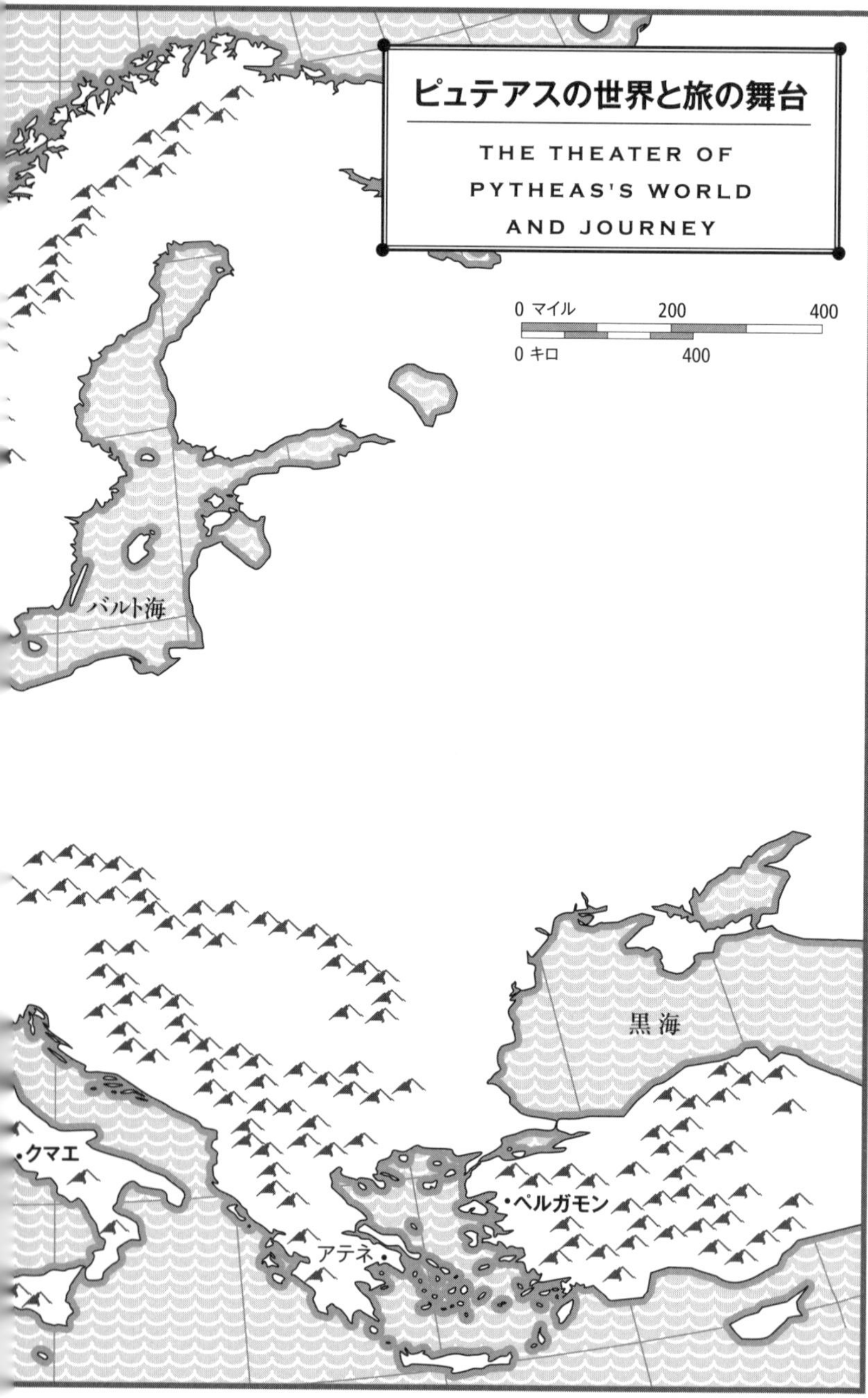
ピュテアスの世界と旅の舞台
THE THEATER OF
PYTHEAS'S WORLD
AND JOURNEY
0 マイル
200
400
0 キロ
400
バルト海
黒海
・クマエ
・ペルガモン
アテネ・

65°
60°
55°
50°
45°
40°
35°
アイスランド
北極圏
クローニアン海
フェロー諸島
ノルウェー
シェトランド諸島
ルイス島
オルカデス
（オークニー諸島）
北海
ユトランド半島
イエリヨ
（アイルランド）
アルビオン
（イギリス）
ベレリオン岬
アルモリカ
ナント
ブルディガラ
マリティム・アルプス
ガリシア
マッサリア
アグド
エンポリオン
シエナ・モレナ
イビサ島
タルテッソス
サンタポーラ
ガデス
（ガディル）
パロス岬
地中海

第一章　マッサリアの人ピュテアス

どの都市にもその都市が誇る英雄がいる。堂々と台座から見下ろす英雄像は、彼らが生きた時代や人間よりも、像が彫られた時代について多くを語っている。マルセイユは昔も今もつねに一大海運勢力であり、仲介貿易で富と名声を築いてきた。

それゆえ古代の英雄ピュテアスとエウテュメネスを誇示する場所として、マルセイユ証券取引所正面の神殿のような壁龕《へきがん》〔彫像などを置くため壁面に設けられたくぼみ〕以上にふさわしい場所は他にないだろう。二人の英雄像は有名なカランク〔海岸線に続く入江〕のはるか彼方を見つめている。入江は現在ではプレジャーボートでいっぱいだが、比較的最近まで、遠洋航海船やコンテナ船が近くのラ・ジョリエットの海岸付近で停泊しやすい場所を探していた。ここは地中海最大の天然の貿易港である。

ピュテアスとエウテュメネスは紀元前四世紀に生きた謎の多い人物だが、近代ではマルセイユの父のような存在になっている。ともに冒険家であり、すみずみまで知り抜いた地中海の外へ出て、ヘーラクレースの柱を越えて怪獣や巨人が横行するといわれた海を探検した。エウテュメネスは南下してアフリカ沿岸を航海し、ダカールやセネガルぐらいまで到達し、ガーナまで行ったかもしれない。他方、ピュテアスは北へ航海し、錫の産地、琥珀が海岸の波打ち際に打ち上げられる島々、そして、海が凍結した「極北の島」の話を持ち帰った。「実にくだらない。あの男は詐欺師で、全部でたらめだ」と後世の知識人たちは言った。だが、いまピュテアスはこの栄誉ある場所——証券取引所の正面——に堂々と立っている。北の酷寒に備えて厚着し、左手に測量器を持ち、筋骨隆々とした右腕を身体の正面で折り曲げ、遠くの海をじっと見つめながら身構えている。詐欺師なのか、それとも、英雄と称される冒険家なのか。人の知らない話を集めてきただけなのか、それとも、自然科学者の元祖なのか。本書が解き明かそうとするのはそういう疑問である。

扱う資料には多くの横道があるだろう。航海から戻ったピュテアスは本を著した。『大洋について（Peri tou Okeanou）』という表題で、紀元前三二〇年頃に書かれたと考えられる。ギリシャ語の原本はすでにないが、その後九百年間に少なくとも十八人の学者に引用された。十八人のうち何人が原本を見たのか、何人が第二、第三の引用を使っているのかは不明だが、伝言ゲームであるように情報を使い回しているうちに事実は歪められてしまうものである。いったい『大洋について』の原本は何巻あったのだろう。マッサリアに一巻、アテネにも一巻あったはずだ。ペルガモン〔小アジア北西部の古代都市〕とアレキサンドリアの大図書館にも写本があっただろう。だが、すべて失われてしまった。侵略を受けて焼失し、方々の修道院などに四散して忘れ去られて消失した。昔からある数少ない修道院の図書館に一部が残っている可能性や、地中海の港の泥の中に埋もれて発見される可能性はまずないだろう。歴史家は他の学者の引用で満足しなければならない。そこから意味を探り出さなければならない。

しかし、この物語を始めるに当たって、二、三の古典が残っているかどうか以上のことがある。ここ百年間ほどの考古学者の努力で古代に関する理解は一変した。文字を有する地中海文明の世界では、考古学は徐々に系統立った、かなり客観的な体系を打ち立ててきた。それを背景に「古代史」の姿で受け継がれてきた偏った逸話の羅列について信憑性を判断し、脈絡をつける（ただし、古代史研究者の中には消極的な者も確かにいる）。

ギリシャ・ローマ世界の外では考古学の衝撃は一段と強い。発掘によって文字が使用される以前の社会や経済的発展が明らかになった。ピュテアスが訪れたという土地や住民について現代ではさまざまな事が分かっている――彼と同時代の人々の知識より多いかも知れない。もっと重要なことは、現在ある資料の全体をもってすれば、ピュテアスがいた頃の世界の動きを垣間見られるということだ。それは変化する世界であって、地平線が拡大し、遥かに遠い土地と接触できた世界、商品や思考が流動して知識が拡大する世界だった。地中海諸国は、ヨーロッパ全土や北アフリカを包含しながら急速に成長しつつあった世界秩序の一部であり、その特徴は相互依存がますます強まっていったことだった。どんなに遠くでも一カ所で均衡が失われると、秩序全体にその余波が感じられた。ある程度の均衡は保たれるが、不安定だった。ピュテアスはそういう世界に生きたのであり、その世界を良く知ることで、この並み外れた男の行動がより良く理解できる。

マルセイユの旧港の端から僅かに離れた繁華街ラ・カヌビエールの外れには、コンクリート台にはまった大きな銅板がある。こう書かれている。「紀元前六〇〇年頃小アジアのギリシャ植民都市フォカイア〔古代の小アジア西岸イオニア地方最大の港町〕からギリシャ人船乗りの一行がたどり着いた。彼らがマルセイユを築き、ここから文明は西に伝播した」。マルセイユ史の説明としては至極もっともである。ただし、マルセイユが西地中海文明の先頭に立つということには、フェニキア人とカルタゴ人、エトルリア人から異議が唱えられるかも知れない。それよりも首を傾げたくなるのは、マルセイユの中央駅サン・シャルル構内にあるギリシャ人の到着を記念する階段である。ここには険しい表情のギリシャ女が健康そうな二人の子供を連れて船の舳先に立つ像がある。犬のペキニーズにそっくりな顔のイルカもいて、余計に不思議な感じがする。その理由は「ギリシャ植民市マルセイユ」と刻まれた銘から明らかになる。

マルセイユ〔ギリシャ人にはマッサリア〕がギリシャの植民市であったことは確かで、小アジアのエーゲ海沿岸にあったギリシャ人の都市フォカイアから人々が移り住んできた町である〔現在のレバノンおよびシリア沿岸一帯にあったフェニキア人ではない。フェニキア人は北アフリカ、シチリア島とサルディニア島の一部、そしてイベリア半島南部に植民した〕。歴史家ヘロドトスによれば、フォカイア人はギリシャ東部の部族の中でも起業家精神が旺盛で、ペンテコンテロス〔甲板は船首・船尾にあり五十人の漕ぎ手が乗る〕と呼ばれるガレー船でエーゲ海や西地中海の北方へ探検に出ることで有名だった。彼らが航海に出て定住地を探し得て、紀元前六〇〇年頃にマッサリア、また、紀元前五六五年頃コルシカ島の東岸にアラリアを築いた。

マッサリアの創設年代については古くから二説ある。一説は紀元前六〇〇年頃、もう一説はその五十五年後である。第一の説が正しいようであり、考古学上の根拠に裏付けられている。マッサリアから出土した初期のギリシャ陶器はこの時期のものである。間違いやすい後の年代がどうしてトゥキュディデス〔紀元前四六〇〜四〇〇。ペロポネソス戦争を綴った歴史家〕やパウサニアス〔二世紀の旅行家、地誌学者〕などの高名な学者に受け入れられたのかは興味あるところだ。複数の要素が重なる出来事だったらしい。紀元前五四五年頃、キュロス大王〔アケメネス朝ペルシャの創始者〕が小アジア諸都市を征服しようとフォカイアを侵略したため、住民は船で四散した。彼らはアラリア植民市に住処を求めようとしたが、ティレニア海を隔てたエトルリア人は、突然ギリシャ人が押し寄せたことに大きな脅威を感じた。

フォカイアのギリシャ人がこの地域にやって来る六十年前まで、エトルリア人は西地中海の北方海域の海運を支配し、マリティム・アルプス〔フランスとイタリアにまたがるアルプス山脈の一部〕からイベリア沿岸まで手広く交易を行っていた。マッサリア植民市ができたために、エトルリア人の活動は全部ではないにしろ大幅に減少した。そこへ新たに難民が流れ込んできたことが最後の引き金になった。海戦がいつ果てるともなく続き、カルタゴはエトルリアに加勢した。ギリシャ人は優勢だったが、手加減してイタリア南部のギリシャ植民市ヴェリアに退き、そこに住んだ。どうして古代の歴史家が年代について混乱したのかよく分かる。初期のマッサリア植民を決定づける考古学上の証拠はなく、いつ植民市ができたかは今でも議論が続いている。

年代についてはともかく、マッサリアには素晴らしい創設説話がある。一つ目はギリシャ人地理学者ストラボン（紀元前六四頃〜後二三頃。『地理誌』十七巻を著す）が記録している。ストラボンは、移住者の第一団が故郷フォカイアから船出するときエフェソス（小アジア西部イオニアの古代都市）のアルテミス大神殿から派遣される案内人を連れて行くようにという神託を受けた子細について語っている。神のお告げを無視して出発できないので、一行はエフェソスの港に立ち寄り、アリスタルケという高位の女と数々の聖像を船に乗せた。聖像の中にはたくさんの乳房をもつアルテミス女神の木彫りの像も入っていた。地中海の長旅を終えて無事に新天地に到着すると、エフェソスのアルテミス女神に神殿を建てて聖なる品々を納め、アリスタルケを巫女とした。

ストラボンは、マッサリア植民市についての記述の中で、港の上に見える岬にアルテミス神殿とデルピニア・アポロ神殿が並び立っていたことを伝えている。二つの神殿があった正確な場所はまだ分からない。おそらくムーランの丘と呼ばれる港を見下ろす岬の端だと思われるが、その突端で港の出口の真上にある一段低いサン・ローランの丘だった可能性もある。ここに建つ神殿は港に近づく船にとっては最初に目に入り、港を出る船にとっては最後まで見える建物だっただろう。ピュテアスの時代の人間には馴染み深い光景だったと考えられる。

ストラボンがデルピニア・アポロ神殿について述べているのは興味深い。デルピニア・アポロというのは、デルポイのアポロとは全く別の神格で、海の神である。この神はイルカの姿で船の航海を安全に導いた（ちなみに、サン・シャルル駅の記念碑を飾るパグのような顔のイルカにも似ていた）。

ほかにも二世紀の歴史家マニアヌス・ユスティヌスは、紀元前一世紀の地元の作家を引用して異なる形の創設説話を著している。ここでは、ギリシャ人のマッサリアへの航海を指揮したのはプロティスである。一行が到着したとき、土地のケルト人の族長ナノスが司る儀式が執り行われていた。族長の娘ジプティスが数多い求婚者の中から夫になる男を選ぶことになっていた。到着したばかりの一行はこの儀式に招かれ、お定まりの結果となった。ジプティスはプロティスを夫に選んだのである！　ナノスは娘の選択を受け入れ、その証拠にギリシャ人は土地を与えられてマッサリアを創設する。愛、名誉、末永い友情など説話のすべての要素が揃っている。背景にある事実は分かるはずもないが、再び考古学がある程度その補足説明をしてくれる。

＊

既述のとおり、エトルリア人はマッサリア植民市ができる前から現在の南フランス沿岸海域を探検し、開拓していた。考古学上の証拠から、紀元前六五〇年頃には活発に交易が行われていたらしい。これは南フランスの沿岸地域、とくにローヌ川河口付近の三角州にあるサンブレゼ周辺から絵やワイン用のアンフォラ〔首が細長く、底の尖った両取っ手つきの壺〕などの器が大量に見つかっていることから分かる。発掘調査では、交易が行われる以前に先住民がいたことも分かった。初期エトルリア人はここで大規模に塩を生産し、サンゴの宝飾品をつくっていたことを示す痕跡がある。種々の証拠をつき合わせると、サンブレゼは一般的な貿易港、または中央市場《エンポリオン》だったらしく、地中海地域の贅沢品と各地の生産物の取引が行われていた。地中海の贅沢品と産地の物産が交換される場所だった。沿岸にはカップクロンヌやタマリスなどよく似た場所が点々とあったはずで、当時の道具も発見されている。

初期の「交易」品にはギリシャ東部に特有の陶器や、油を貯蔵するアッティカのアンフォラもある。珍しい輸入品としては、イタリア南部にあったギリシャ植民市の工房のものらしきワインを注ぐ青銅製のロードス島細口瓶や、グリュプス〔ワシの頭部と翼、獅子の胴体をもつ怪獣〕の頭部飾りがついた大釜もある。こういう品々が土地の支配者への贈答品か何かに使われてヨーロッパの奥地へ浸透していった。これら植民以前のギリシャの産物はギリシャの船で運ばれたのか、エトルリア人が運んだのかはっきりしない。エトルリア人はイタリア南部の港で容易くこの種の荷を拾うことができた。たぶん両方だったのだろう。はっきりしているのは、沿岸地帯の住民は交易人とすっかり顔なじみだったということで、交易人は五十年以上にわたって夏になると荷物を積んで決められた市場に行った。土地の住民は喜んで品々を買い求め、ステータスを誇示した。紀元前六〇〇年頃フォカイア人が到着して植民市を築いたのは、そんな環境が背景にあった。土着のケルト人がフォカイア人を歓迎したのはまったく不思議ではないということだ。創設説話に信憑性を与えている。

マッサリア植民市の創設者はとくに二つのことに熱心だった。神々を祀る神殿と住民が従うべき法である。神殿についてはすでに述べたが、法とはどういうものだろう。ピュテアスがマッサリアで成長期を過ごしていたころ活発に活動していたアリストテレスは、マッサリア人の法に感銘を受けて詳しい解説を記した。原典は残っていないが、三百年後のストラボンは政府に関する主要部分が復元できる程度まで細部に言及している。ストラボンも感銘を受けたのだ。「マッサリア人民を治める政体は貴族制であり、貴族制度の中で最も規律が行き届いている。マッサリアには六百名から成る議会があり、議員は生涯この名誉職に就く。彼らはティモウコイ」と呼ばれる。「名誉ある者」という意味だが、富裕層を意味してもいたようだ。議員に選ばれるには、三世代以上の市民権を有する家柄であり、子供があって、高い志を有する者でなければならなかった。六百名の議員は「執政」権を有する十五名の行政委員会を選出し、その中の三名に最高の権限が与えられた。行政委員会メンバーには必要に応じて軍の指揮官を務め、政務を司る法律をつくる義務があった。ストラボンによれば、法はイオニアの制度を基礎とし、公表され、誰でも見ることができた。

現代では、法典の断片から窺い知るところは、少なくとも建前上はかなり厳格だったと言われている。女はワインを飲むことが許されず、野卑な劇も禁止で、凝った葬式や華美な花嫁衣装な

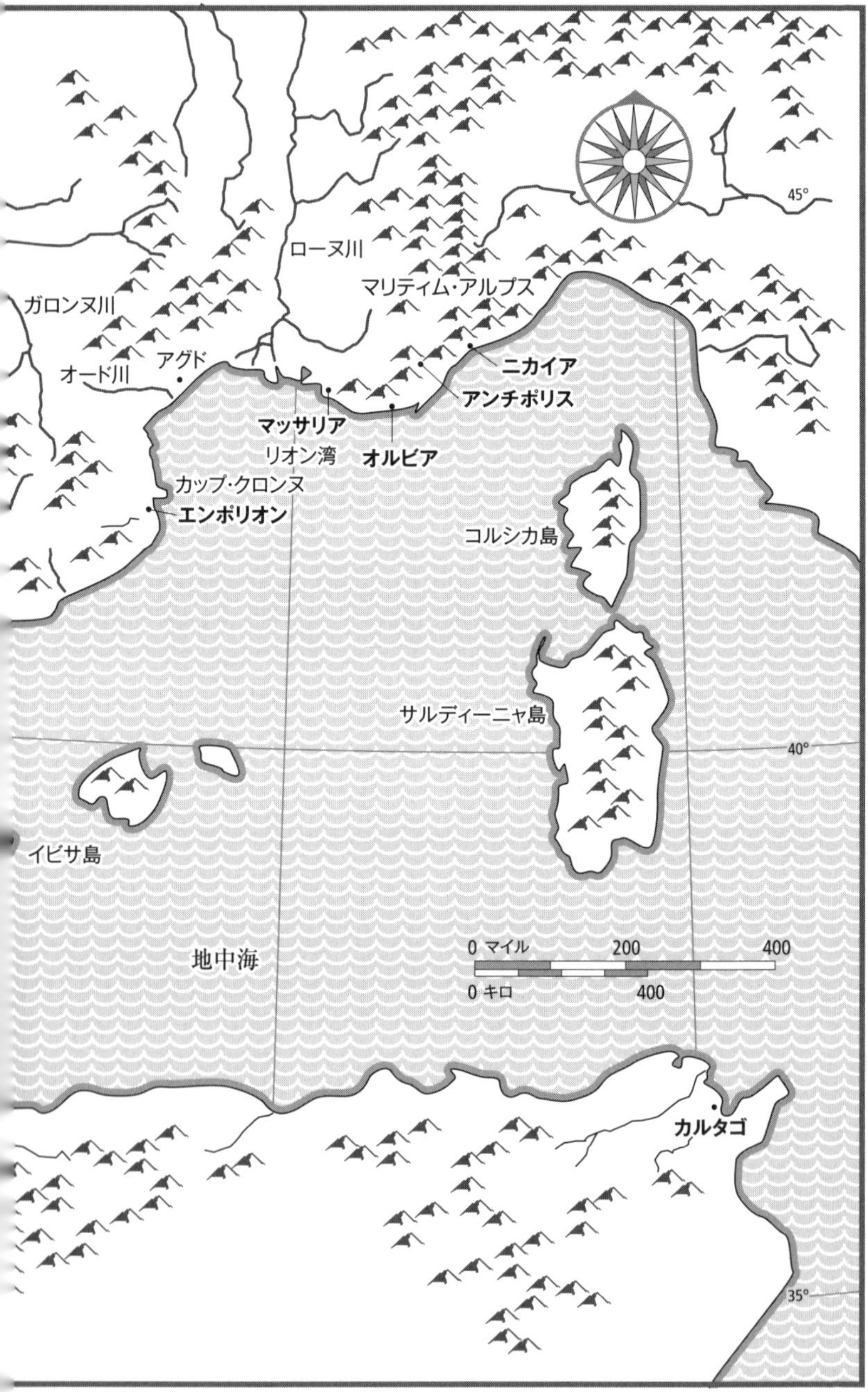

ローヌ川
マリティム・アルプス
ガロンヌ川
アグド
オード川
ニカイア
アンチポリス
マッサリア
リオン湾
オルビア
カップ・クロンヌ
エンポリオン
コルシカ島
サルディーニャ島
イビサ島
地中海
カルタゴ
0 マイル 200 400
0 キロ 400
45°
40°
35°

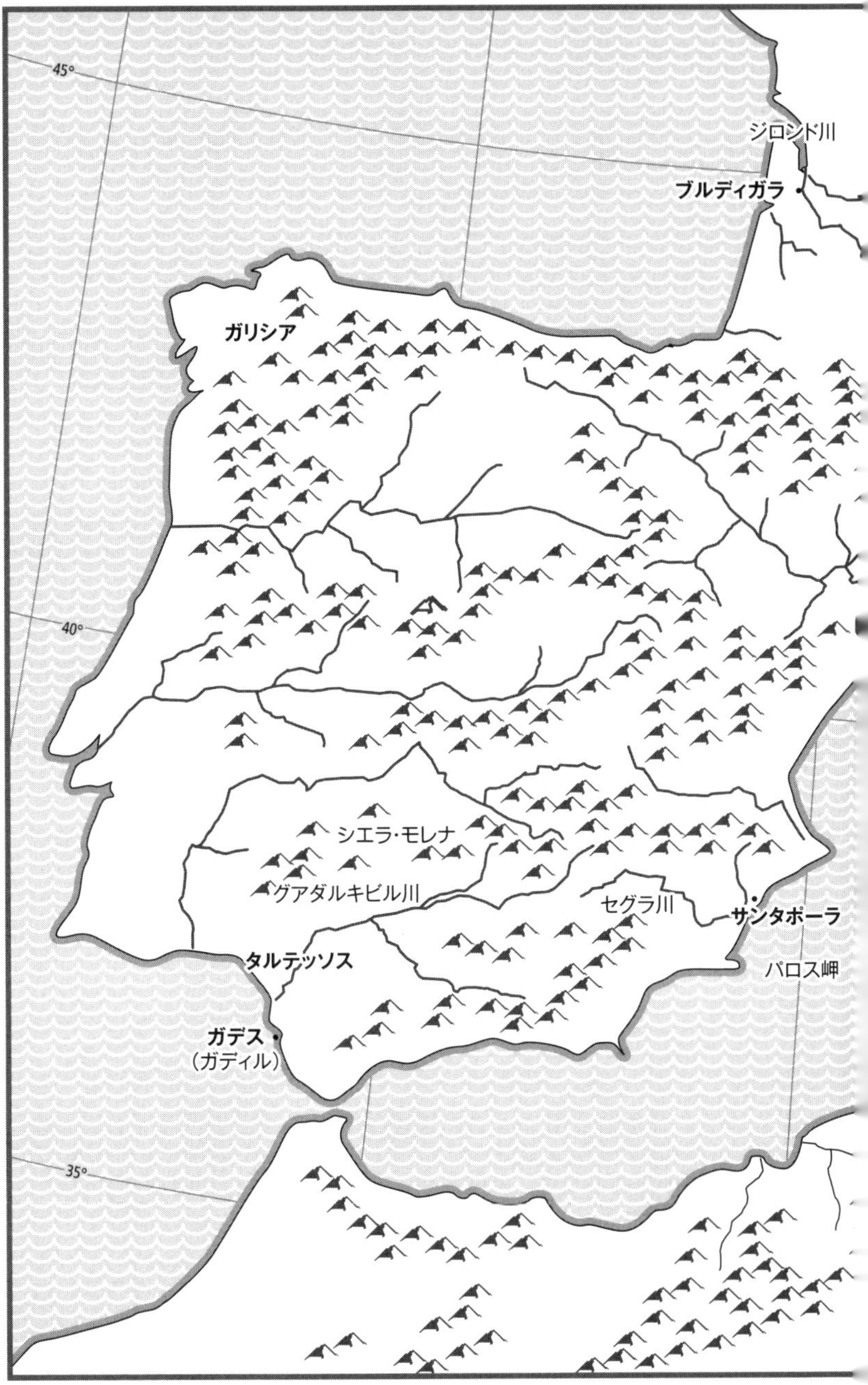
45°
ジロンド川
ブルディガラ
ガリシア
40°
シエラ・モレナ
グアダルキビル川
セグラ川
サンタポーラ
タルテッソス
パロス岬
ガデス
（ガディル）
35°

ど贅沢は禁止だった。しかし、その代わりもあった。自殺希望者はティモウコイの審議を受けることができ、理由が妥当であれば、市は無償で致死量の毒ニンジンを与えた。余所者は市内に入る際に武器を差し出すことになっていたので、社会秩序は保たれ、犯罪人を殺す剣は錆びついたまま使われたらしい――残酷な苦しみを与えるためではなく、あまり使われていなかったとのことである。富裕者や自由人には暮らしやすく、整然とした秩序が保たれていた。

＊

マッサリアの繁栄は、西地中海の北側の沿岸地域や蛮族が住む奥地との交易を支配する力が土台になっていた。マッサリアの西、リオン湾を越えたところにエンポリオンがある。現在のアンプリアスである。フォカイア人がマッサリアに植民市を築いてから三十年から四十年後に建設したアラリアと同時代に創設されたらしい。マッサリアから「二日と一晩の」航海で着くので、富をもたらすイベリア半島南部の鉱物資源を目指す交易路の最初の帰港地として便利だった。鉱物資源はほぼフォカイア人やその後継者のカルタゴ人が支配していたが、紀元前七世紀からギリシャ人が市場に進出してきていた。紀元前五世紀半ばにはセグラ川〔スペイン南東部を流れて地中海へ注ぐ〕河口にギリシャ人の交易地点サンタポーラが築かれ、要塞としての役割も担った。ここは選び抜かれた場所だった。セグラ川流域を西へ進むとグアダルキビル川流域の上流地域に出、その北側には銀の豊富なシエラ・モレナ地方が、さらに西には銀と銅の資源があるタルテッソス（古代王国）があった。ギリシャ人はセグラ川河口を支配することで、次第に敵愾心をむき出しにするカルタゴ人と張り合うことなくイベリア半島西部の資源の産地へ出入りできた。カルタゴはイベリア半島の南部沿岸地域や付近の航路を支配していた。

エンポリオンとマッサリアの間にはマッサリア人が築いたもう一つのギリシャ人の港があった。アグドは沿岸航路の停泊地として、また、オード川の河口に近いことでも便利だった。オード川は古代では無くてはならない交通路で、カルカソンヌ峡谷を経由してガロンヌ川とジロンド川とに繋がっている。地中海と大西洋を結ぶこの交通路は大昔から利用されてきた。

マッサリアの東の海とマリティム・アルプスに挟まれた細長い土地にはギリシャ人の港が並んでいた。中でもオルビアとアンチポリス（アンティーブ）、ニカイア（ニース）はマッサリア人が築いた港である。港の後背には肥沃な土地が広がり、ワインや果物はむろんのこと、今でもニースの花市場で見かける香しいハーブ類が台地状のガリグ〔やせた土地にある低木地帯〕から収穫されていた。

ニースからマッサリアにかけての細長い沿岸一帯に産するワインはマッサリア経済の大きな比重を占めたが、そのおかげで考古学調査には大いに役立った。当時のワインはアンフォラと呼ばれる分厚い陶器の壺に入れて運ばれた。ふつう空になった容器は捨てられた。この壺はとても頑丈で破片が粉々にならないので、発掘すると山のように出る。どう見ても魅力的とはいえないこ

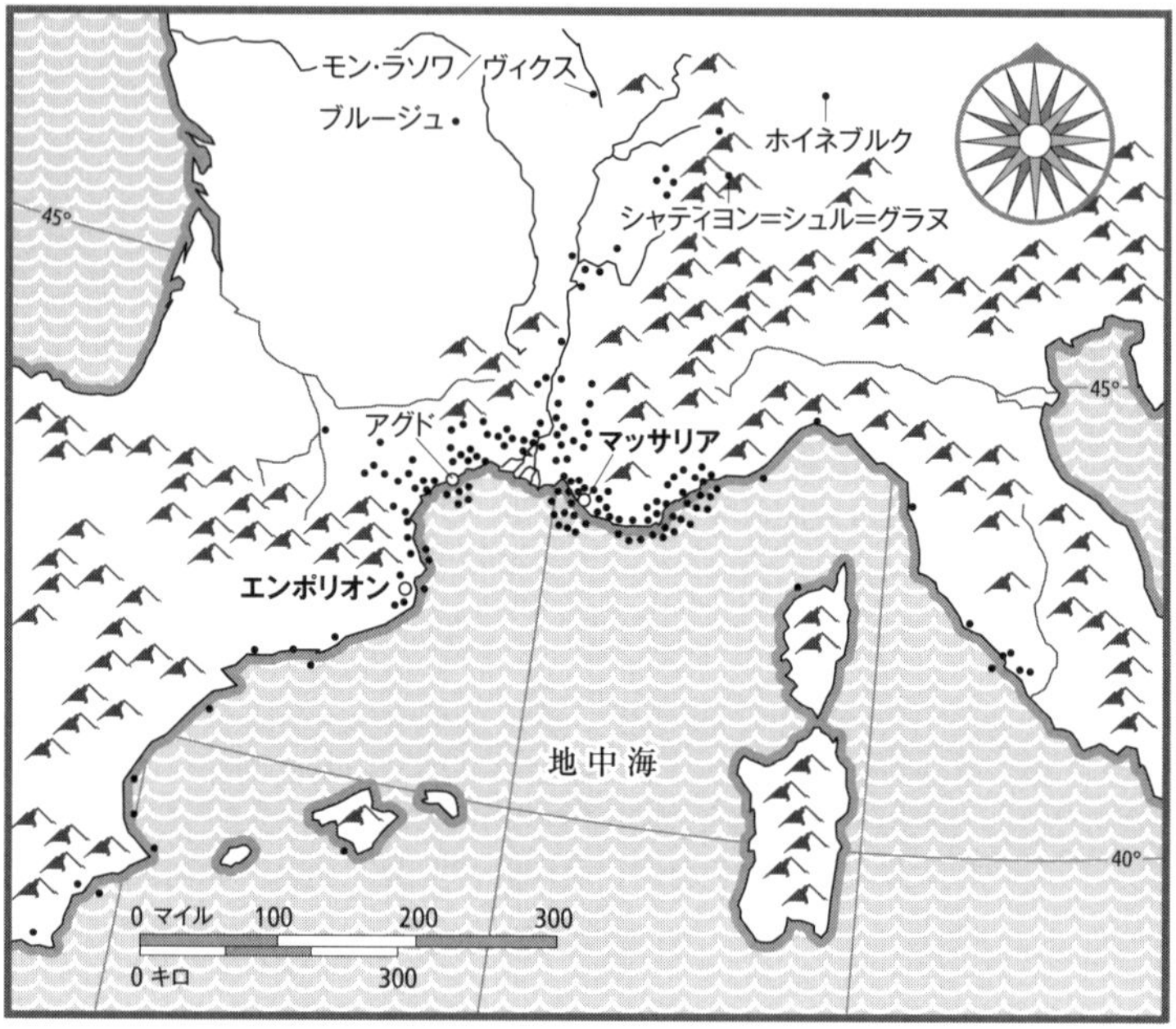

れらの器からひじょうに価値あることが突き止められるのだ。アンフォラの形状は時代につれて変化するので、時代区分の決め手になる。アンフォラの成分の岩石学的分析から製造された土地が判明し、それが確かめられればさらに場所が特定できる。

　こういう細かい調査によって特定の場所から出土したアンフォラについて時間をかけて研究する考古学者は、時代別、地域別の輸入ワイン量の変化、および特定の時代におけるワインの数量を明らかにすることができる。こうして古代経済の細部まで描き出せる。

　考古学者のお気に入りは分布図――特定の工芸品の発見場所が示してある地図――である。分布図に頼りすぎる

のも危険だが、証拠は常に不完全なので分布図を参考にする。紀元前五四〇年から前三五〇年までマッサリアのワインに使われたアンフォラの形状の分布はとくに興味深い一例である。予想どおり、アンフォラはアンプリアスとニースの間の海岸に円弧状にかたまっているほか、イタリア半島南部とくにナポリ湾周辺、シチリア南端やイベリア半島のカルタヘナからすぐ東のパロス岬以遠の海岸沿いなど、はるか遠方まで分布が見られる。スペインの分布は破片のある場所が沖合に多いという特徴があり、全ての船が無事に目的地にたどり着けなかったことが分かる。分布図からマッサリア人の海上貿易の範囲がある程度わかるのだが、他にも物語っていることがある。アンフォラは主にオード川とローヌ川という二つの川を伝って奥地へ運ばれたらしいということだ。ガロンヌ渓谷に出ることもあるが、それより多くがブルゴーニュからドイツ南部を経由してヨーロッパ中西部の蛮族の奥地に現れる。これはまったく別の事柄が進行していることの証しであって、少しそのことに触れたい。

＊

ガロンヌ渓谷にわずかながらアンフォラがあるのは、近隣の部族の間に、少しであれ珍しい品々を奥地まで運ぶことを認める交易システムがあったことが考えられる。ギリシャの彩色陶器が船でアッティカから運ばれ、マッサリアやアグドに分布したものとよく似たパターンが見られる。もちろんアンフォラや精巧な器は、より広い「交易」の考古学上の氷山の一角にすぎない。それにしても、もう一方、つまり蛮族から地中海世界へは何が運ばれたのだろう。あくまで推測だが、奴隷かも知れない。奴隷は地中海世界ではつねに歓迎される商品だった。そして、最も貴重な交易品は、ブリテン島南西部やブルターニュ地方からはるばるもたらされる錫《すず》だったと考えられる。錫は青銅（祭礼の道具や銅像からブローチやヘアピンに至るまで幅広く必要とする）に十〜十一パーセント含まれ、合金の一部として欠かせないが、古代社会にはほとんどなかった。大西洋沿岸地帯には最も豊富な資源があり、この地域の話は数多く伝えられていた。ピュテアスがそういう話を聞いていただろうこと、また、錫はガロンヌ川を経由してガリアを越え、大西洋に出るコースを伝って運ばれることを彼が商人に語っただろうことはまず間違いない。こういう知識の断片が寄せ集まって彼の活発な好奇心を刺激した。

マッサリアのアンフォラの分布図から判断して、ローヌ川とソーヌ川（フランス東部を流れる川でローヌ川に合流）のルートはこの時代に頻繁に使われていた。ただし、北方へ流れたのはワインだけではない。アンフォラとともにワイン飲用のアッティカの器、ワインを注ぐ細口瓶、ブルゴーニュのヴィクスで発見された巨大なクラテール（混酒器）のような精巧な青銅器、シュトゥットガルトに近いホッホドルフから出土したうずくまる獅子の装飾が施された大釜（鍋）なども流れていった。ヨーロッパ中西部の蛮族の社会に向かって北へ流れたのはギリシャ人の饗宴《シンポジオン》の席を飾るワイン用の器や器具などの一式だった。とはいえ、ヨーロッパ中西部の首長・

貴族がワイン飲用の器などを受け入れる際、ギリシャの作法をそのまま受け入れたかどうかは疑問である。十八世紀イギリスの上流階級がお茶をティーポットからカップに注いで飲んだのは、日本の茶道の作法に感服したからではなかった。ともに自らの社会的地位を誇示するために異国的なものを取り入れただけのことである。

ヨーロッパ中西部の首長・貴族（十九世紀に発掘されたオーストリアの重要な墓と岩塩坑跡に因んでハルシュタット文化と呼ばれる）は、数百年間、精巧な器や道具を自由に所有することで社会的地位を誇示し、それらの品々は死者とともに埋葬された。それ以前の紀元前七世紀、前六世紀初め頃には、誇示される物の中に精巧な馬具や四輪馬車もあり、死者は馬車で墓へ運ばれた。身分の低い者たちは、使っていた装飾馬具や長剣といっしょに埋葬された。しかし、様式は変わり、紀元前六世紀半ば以降は、地中海地域の贅沢品の種類が増え（主にワイン飲用のもの）、ヨーロッパ西部で採掘される膨大な量の金や、ホッホミヒェルの墓地で発見された布のように刺繍が施された東洋の絹など精選された外国品が手に入るようになった。首長・貴族が支配するハルシュタット社会を考古学では威信財経済（prestige goods economy）と呼ぶことが慣例となった。人類学上広く用いられている用語を借用している。ここから分かることは、その社会の首長が貴重な品物の流通を厳しく統制することで優位を確保し続けるということである。首長は珍しい品々を選りすぐりの家来に持たせ、さらにその家来にも持たせる。こうして主従関係の絆をつねに確かめることで厳格な階層制度が保たれるのである。

年代の見地から西ハルシュタット社会を眺めると、この制度はかなり昔、少なくとも紀元前十三世紀まで遡る。換言すれば、これは地域の発展の結果であって、特別に外から刺激を受けた結果ではなかった。これはなかなかおもしろい論点になる。ハルシュタットの首長・貴族の墓地や居住地でギリシャの消費財の分布が頻繁に見られ、これを、ずる賢いギリシャ商人が素朴な奥地の住民を欺いた結果と見やすいが、社会的な結びつきはそれほど単純ではない。ハルシュタット社会は、選別しながら地中海社会を受け入れた。押しつけられたものをすべて受け取るのではなく、欲しいものや自分たちの社会制度の枠内で使えるものだけを選んだ。例えば、人物像が彫られたアッティカの壺は、描かれたテーマによって選ばれたといえる。一般的には、戦争の図柄が好まれた。つまり、マッサリアとハルシュタットの首長・貴族の関係は互恵的だったのだろう。初めはギリシャ人が立派な贈り物を献上して友好関係を築き、贈り物の交換がさらに頻繁になってゆくことが想像できる。それでは、ギリシャ人は何を獲得したのかという疑問がわく。錫はローヌ川経由でハルシュタット文化圏に入っていたかも知れないし、大量の金が出回っていて一部がギリシャ人の手に渡ったようである。北方から入る交易品、ハルシュタットの交易品には北の森林から手に入る毛皮や、さらに北方のバルト海沿岸の琥珀《こはく》があったかも知れない。ハルシュタット文化圏、殊に地元の墓地では埋葬に多量の琥珀が使われ、地中海文化圏の社会にも琥珀への強い願望があった。ピュテアスは琥珀が北方の産物であることをよく知っていた。錫のように、琥珀も知られざる世界の果てからやって来る——その謎が挑戦を促した。

さまざまな商品が地中海世界から蛮族へ流れ、原料は逆の流れを辿ったことは確かであり、この膨大な「交易」は考古学者がダウン・ザ・ライン・エクスチェンジ型（down-the-line-exchange）と呼ぶものだっただろう。一つの品物が贈り物の交換などで一つの社会から他の社会へ流れ、さらに結婚の際に支払われる代価などとして使われて次の社会へ流れたのである。ジュート族の海岸で拾い集められた琥珀の山がマッサリアに届くまでには多くの人手を渡ってきたであろう。琥珀を都市に持ち込む商人は、始めに琥珀を手に入れることとは何の関係もなかった。地中海沿岸に住むギリシャ商人も供給が途絶えさえしなければそれでよかっただろう。暗くて危険な蛮族の社会に入って行きたいとは思わなかっただろう――奥地の蛮族のことは蛮族に任すのがいちばんだった。

マッサリアと西ハルシュタットの首長・貴族層の交易が盛んな時期はそう長くなかった。それは紀元前五四〇年～前四五〇年頃までで、ピュテアスが生まれる前の約百年間だった。なぜ、どのように交易が終わったのかは、ケルト族の大移動という興味深い問題に行き着く。

＊

ケルトとはいかなる民族で、確かに民族として実在したのかについては、少なくとも一部の考古学者の間では活発な議論が行われている。広域で民族の移動があったらしいことは文献や考古学上の発見に残っており、ギリシャ人やローマ人はガリア人とかケルト人と呼び、紀元前四〇〇年頃マルヌ川とモーゼル川流域、ボヘミア地方に居住していた民族が南下、あるいは東方に移動し始めた。多部族からなる大集団がアルプス山脈を越えて北イタリアへ押し寄せ、ポー川流域の肥沃な土地に住み着いた。ここから武勇にすぐれた好戦的な集団や傭兵団がアペニン山脈を越えて百年以上もイタリア各地で大混乱を引き起こした。紀元前三九六年にはテヴェレ川でローマ軍を破り、ローマの大部分を破壊して首都を包囲した。北方の蛮族による苦い記憶はローマ人の心に焼きついた。ドナウ川沿いに東へ移動した集団は、現在のハンガリーやセルビアに定住した。ここから紀元前二七八年に武力集団がギリシャを侵略してデルポイの神殿を襲撃した。一団はギリシャから手痛い目にあい、生還した者たちはすぐにヘレスポント海峡とダーダネルス海峡を渡って小アジアに入る大移動に加わり、小アジアに国を築いた——初期キリスト教時代にガラテア人と呼ばれた人たちだった。彼らはそこからエーゲ海に面した小アジアの諸都市を侵略したが、紀元前三世紀末にはペルガモン王国に服従した。古代ギリシャ・ローマ世界がケルト人を恐れるのは当然だった。

ケルト人の話の締め括りに、この好戦的な集団の起源を考察してみたい。首長が支配する西ハルシュタット社会は、紀元前五四〇年~前四五〇年の時期にブルゴーニュからスイスを抜けてドイツ南部にかけての広大なヨーロッパ中央部を占領していた。この時期が終わる頃に北部周辺に新勢力が台頭してきた。最も豊かな集団はモーゼル川流域におり、マルヌ地方にもやや劣る集団ができていた。東はボヘミア、西はブールジュ周辺にも一大勢力が見られた。この広い円弧状の地域にかなり革新的な文化が出現し、考古学上はラ・テーヌ文化と区分されている。ラ・テーヌ文化は生き生きとした抽象芸術で知られ、ケルト芸術と呼ばれている。新しいラ・テーヌ文化の首長・貴族層は埋葬のとき車両を納めること、ギリシャやエトルリアから輸入した贅沢品を使うことなど多くの面で西ハルシュタットの制度を真似たが、大きな相違点もあった。墓地に納める車両は二輪となり、エトルリアのチャリオット（二輪戦車）の影響を受けたのかもしれない。ほかに武具一式が墓に納められ、重い剣や槍の束もあった。新しいラ・テーヌ勢力の中枢が拡大したのと、古い西ハルシュタット系部族の消滅は同時に起こった。ハルシュタットの中心部で武力による破壊があった証拠もある。北の周辺部の新部族が旧勢力の中心を乗っ取り、消滅させていたかのようである――キノコの輪が外へ向かって成長するようにといえるかもしれない。

紀元前五世紀に「ケルト人の大移動」が始まったのは新しいラ・テーヌ文化の中心部からだった。なぜ大集団で移動することになったかについてはよく分からない。リウィウス〔ローマの歴史家。紀元前五四～後一七〕など後世のローマの学者たちは、数百年前の出来事をふり返り、人口過剰が主因であると主張した。若い貴族たちは仕方なく家来を連れて新しい土地に出て行ったといわれている。確かにそういう要素はあるが、理由はもっと複雑だった。族長の思うように生産的な経済が維持できなくなり、武力を基本とする新秩序に引き継がれるようになって社会の仕組みは略奪が中心になった。侵略が近隣地域をどれほど不安に落とし入れ、旧秩序がたちまち崩壊するかは一目瞭然である。そこから大移動まではわけない。初めは小規模だったが、やがて止めようのない奔流になった。

＊

ピュテアスが生きたのはそういう時代だった。彼はたぶんケルト人のローマ侵略から約三十年後に生まれ、高齢になったとき、ケルト人によるデルポイ破壊の知らせを聞いた可能性が強い。これらの特別な事件はマッサリアから遠く離れた土地の出来事だったが、強い衝撃を受けずにはいなかった。

謎の多いマッサリア史には当時の物語が二つ残っている。一つはカトゥマンドスが率いるリグリア族の一部がマッサリアを包囲したことを伝える話だ。カトゥマンドスはケルトの呼称（「大将」、「将軍」を意味する）であり、古典学者からはリグリア族はケルト人であると見なされていた。マッサリアがリグリア族の侵略を受けた正確な年代は不明だが、紀元前四〇〇年前後と考えられ、北方でケルト人の最大の移動が始まったために起こった混乱の余波だった可能性が高い。リグリア軍はマッサリアを包囲したらしいが、族長の夢にアテナ女神が現れて、退去しなければ身に不幸が起きるとはっきり告げた。族長はアテナ女神の怒りを畏れて軍を引き揚げることにしたが、退去前に、都市内の神殿に参詣する許可をマッサリア側に求めた。これはマッサリアの栄誉を誇示する話として聞こえはいいが、実際には何らかの取引があったと考えられる。マッサリアがリグリア人に金を与えて追い払ったということかもしれない。小アジアのエーゲ海周辺ではよくあるパターンで、ケルト人はつねに金を要求してギリシャ諸都市から目こぼし料をとった。伝説には地元の誇りが周到に加味されたのだろう。

この話はマッサリアの歴史家ポンペイウス・トログスによって記録されている。トログス自身はガリア人で、紀元前一世紀に書かれた。トログスはもう一つ心温まる事件を記していた。書かれた時期は、マッサリアの解放を神に感謝するため、デルポイのアポロ神殿に使節が遣わされた直後のようだ。マッサリアは、紀元前五三〇年頃、アラリア沖でエトルリアやカルタゴとの海戦に勝利し、デルポイの神殿に宝物を献上していた。だから、ケルトのリグリア族から逃れることができたお礼に、さらに供え物をしようと考えたのは当然だった。ポンペイウスによれば、一行はデルポイから戻る途中でローマが不幸にもガリア人に包囲されて金を要求されていることを知った（時期は紀元前三九六年、または前三九〇年とされている）。マッサリアとローマは古代の友好条約を結んでいたので、マッサリア人は同盟国ローマへの寄付を決め、国庫と個人から金銀を集めた。侵略者から包囲された都市を解放するためだった。言うまでもなく、この友情を示す行為は二都市の関係を強化し、ローマはお返しにマッサリアとの間に新条約を結んで納税義務を免除した。その後数十年間、マッサリアは条約から大きな利益を得ただろう——投資が利益となって返ってきた。

だから、ケルト人はマッサリア史上ひじょうに大きな役割を演じた。これほどはっきりはしていないがさらに大きい衝撃を与えたかもしれない。紀元前四〇〇年頃に始まる移動は、それまでの節度ある社会やヨーロッパの地中海地方を結びつけていた経済秩序を徹底的に破壊し、後々まで余波が消えなかった。ケルト人は紀元前三世紀にはさらに南下してイタリアへ侵入し、前二七九年にデルポイでの大敗という反動を経て、いくつかの武力集団はヨーロッパへ戻った。紀元前一世紀に、フランスのラングドック地方のウォルカエ・テクトサーゲス族はこの出来事で行き場を失った部族であり、居住地を探し求めてヨーロッパ中を放浪した。ユリウス・カエサルの時代にも紀元前五八年にスイスのケルト人の一派ヘルウェティー族は西へ大移動しようとしていた。

リオン湾周辺のギリシャ諸都市がこの混乱をどう見ていたかは何とも言えないが、少なくとも昔の北への交易路が使えなくなったということはいえるかも知れない。これは当時ギリシャ人が盛んにイベリア半島の東部沿岸地域へ出て行って市場拡大を狙っていたことに反映されている。しかし、紀元前四〇〇年頃の大移動の第一波によって引き起こされた混乱が一段落した後、マッサリア人は再び北へ関心を向け始めた――よほど北で発見される錫と琥珀、黄金が欲しかったのである。ピュテアスが成長期を過ごしていたのはこの激しく変化しつつある世界だった。

ピュテアスがいたころのマッサリアは、ラキドン（Lakydon）と呼ばれた長方形の港（現在の旧港）を見下ろす狭い岬の上にあった。港は当時も今も非常に安全な停泊地で、海から幅百メートルほどの狭い海峡でつながっていた。悪天候のときも、突然海から襲撃を受けたときも、安全に避難できた。港を見下ろす岬はサン・ローランとレ・ムーラン、レ・カルム、サン・シャルルの四つの丘を背骨にそびえている。サン・ローランの丘からレ・カルムの丘までは古代都市の内側にあり、背骨の真ん中のいちばん高い丘レ・ムーランは港より四十二メートル高い。レ・カルムの丘とサン・シャルルの丘の間には天然の要塞のように湿地が広がり、サン・シャルルの丘はいちばん大きな細長い港のすぐ北側までつながっている。だから、内陸からの攻撃に備える防壁は、湿地を補強する意味でこの谷の西側に建てることが理にかなっていた。湿地の港の「角《ホーン》」のすぐ北には主要道路が通っていた。都市の内側に入ると、主要道路は港を見下ろすように丘の斜面を通って西端のサン・ローランの丘――大神殿や寺院が並び、近くに劇場や市場《アゴラ》がある――へ走っていた。道の下には港一帯の埠頭や桟橋、船置き場が延々と見えて、冬場は覆われた船の列が並んでいた。

マッサリアの周囲は防壁で囲まれていただろうが、港側の一部は開いていただろう。防壁内の五十ヘクタールの土地に三万人から四万人が生活していた。証券取引所の敷地で大規模な発掘が行われた後、考古学公園が造られ、今日では、印象深い古代マッサリア遺跡が展示されている。港の「角」も、立派な市の防壁と門もはっきり見とおせる。今日見る防壁と門はピュテアスの時代後に再建されたが、慎重な考古学的調査によって防壁の並びと四角い二つの大門は紀元前六世紀に遡る土台の上に再建されたことが分かった。考古学公園に立って古代都市へ続く門を眺めていると――少なくとも地形や広さについては――紀元前四世紀後半にピュテアスが眺めたであろう町並みに近いものに見える。

＊

では、ピュテアスとは何者だったのだろう。ピュテアスを誹謗する歴史家ストラボンの言葉を信じるならば、彼は貧しかった。ストラボンによれば、彼は支配階級の人間ではないということになる。しかし、ピュテアスが高い教育を受け、高度な知識を身につけた科学者だったことは確かである。裕福な貿易商の息子で、船長の見習いをしていたのだろうか。ストラボンには、ピュテアスはガディル（現在のカディス）からタマイス（黒海の北岸）までヨーロッパ世界を航海したというぼんやりした記述がある。これはいろいろ解釈されてきたが、単にピュテアスが地中海と黒海を航海してよく知っているという意味だろう。ピュテアスは各地の港で船乗りや商人たちと交わり、生まれ故郷の酒場で彼らと話に興じたり、広い世界のさまざまな体験を聞いたりして好奇心を掻き立て、ついに航海に旅立とうと決心したのだと考えたくなる。居心地の良い地中海世界は狭すぎて刺激がなさ過ぎる。恐ろしい大洋、そこにある陸地や住民、資源を求めて探検に出るときがきた。

第二章　われらの海の彼方の世界

地中海に点在する大きな港はギリシャ世界の神経の中枢だった。港に立ち寄る船乗りたちは世界中の知識や情報をもたらした。不思議な部族とその奇妙な行動についての話から、稀少な資源はどこにあり、どこを通ってゆけば手に入るかという交易上の貴重な情報について見たり聞いたりしたことを伝え合った。男たちは昔のバビロニアやエジプト文明について一くさり話をして人々の好奇心を満たしただろう。紀元前六世紀のそんな大きな港の波止場の酒場に腰かけ（そんなものがあったとすれば）耳をそばだてて男たちの話を聞いていると、様々な情報が入ってきただろう。拡大し続ける知識は伝統を疑った。古代の神話ではすべてが説明し尽くせなくなった——こうして科学が誕生した。

その昔、自分が秩序ある世界の一部だと思いたい人間の根深い願望は、世界の始まりにまつわる物語を創り出した。超自然的な力をもつ存在、すなわち神々が登場する神話である。神々には名前も、系図も、熱い感情もあった。初期のギリシャ神話の世界には大きく分けて二つの系譜があり、ともに紀元前八世紀には文字になった。一方はヘシオドス〔紀元前七世紀頃の大詩人〕、他方はホメロス〔紀元前八世紀後半に生きたと推定される。古代ギリシャ文学の双璧『イーリアス』と『オデュセイア』の著者〕である。古代ギリシャのボイオーティアに生まれたヘシオドスは、経済と道徳、政治的な教訓を内容とする『仕事と日々』、そして、まったく異質な世界の起源について記した『神統記』を著した。始まりは無秩序な混沌――カオスである。カオスから〈広い胸をした〉ガイア（大地）ができた。万物の源であるガイアはウーラノス（天空）を産み、大地と天空から昼日《ヘーメラー》と夜《ニュクス》が、また、オーケアノス（大河、大洋の神格化）、ムネーモシュネー（記憶）、テーテュース（オーケアノスの妻）などの巨人、「そして、一つ目の巨人キュクロープスと狡知に長けたクロノス」が生まれた。カオスから次々に神々が生まれていった。さて、クロノスは父ウーラノスを憎み、母ガイアと寝ているウーラノスに近づき、大鎌をふるって陽物を切り落とした。噴き出た血汐はすべて大地に受け取られ、復讐の女神エリニュースらが生まれた……その後もクロノスは妻レイアーとの間に生まれる子供を次々と呑み込んでいったので、ついにレイアーはクロノスから逃げ隠れてゼウスを産み、赤児は健やかに成長した。最後にゼウスは父クロノスを負かしてオリュンポス一族を創始した――ギリシャ神話にお馴染みの神々で、一統を統べるのは神々と人間の父ゼウスである。『神統記』は神々の誕生譚の形をとってカオスから秩序、抗争から調和へと系譜を整理して一編の物語と化してゆく。神話を語り聞かせるような調子で聞く者を啓蒙し、秩序に照らして自己の行為を判断するように導く。人間の情動の源泉や経緯についての解説でもある。

ヘシオドスは本土のギリシャ人であり、ギリシャ世界は閉ざされていた。『神統記』では航海は見下されていた。ホメロスの伝説は同じ時代に体系化された。こちらは小アジア沿岸に点在するギリシャ諸都市に住むイオニアのギリシャ人について書かれたものであり、目差しは海へ向けられていた。ヘシオドスのガイア創造説話がまず出て、オーケアノスが生まれた。『イーリアス』では太古の世界は水――オーケアノス――であり、妻のテーテュースが神々の母だった。こちらは異なる創造説話であって、生活の基礎が海にある人々に根ざした説話だった。

ギリシャ人が教えられた神話はヘシオドスとホメロスの詩の中にあり、代々口述で伝えられ、人びとは複雑な存在の有り様をそういうものだと受けとめた――ある程度は神話で納得した。しかし、古代の説話では成長しつつある「新しい人たち」――自らの手で食糧を生産する必要のない都市の住人であり、日ごとに拡大する世界の知識を仕入れていた――を満足させられなくなっていた。

小アジアの沿岸イオニアの諸都市には繁栄する港があり、世界の本質について活発な議論が行われていた。イオニアの都市フォカイアから移住者が船出し、二百キロほど航海してマッサリアを発見した時代には、ミレトスの港はにぎやかだった。今日ミレトス遺跡を訪ねると、そこは薄暗く、味気ない古い湿地に囲まれた場所で、なぜ紀元前六世紀にミレトスが地中海世界で最大都市に数えられたのか理由が分からなかった。その答えは簡単で、過去二千五百年間に風景が一変

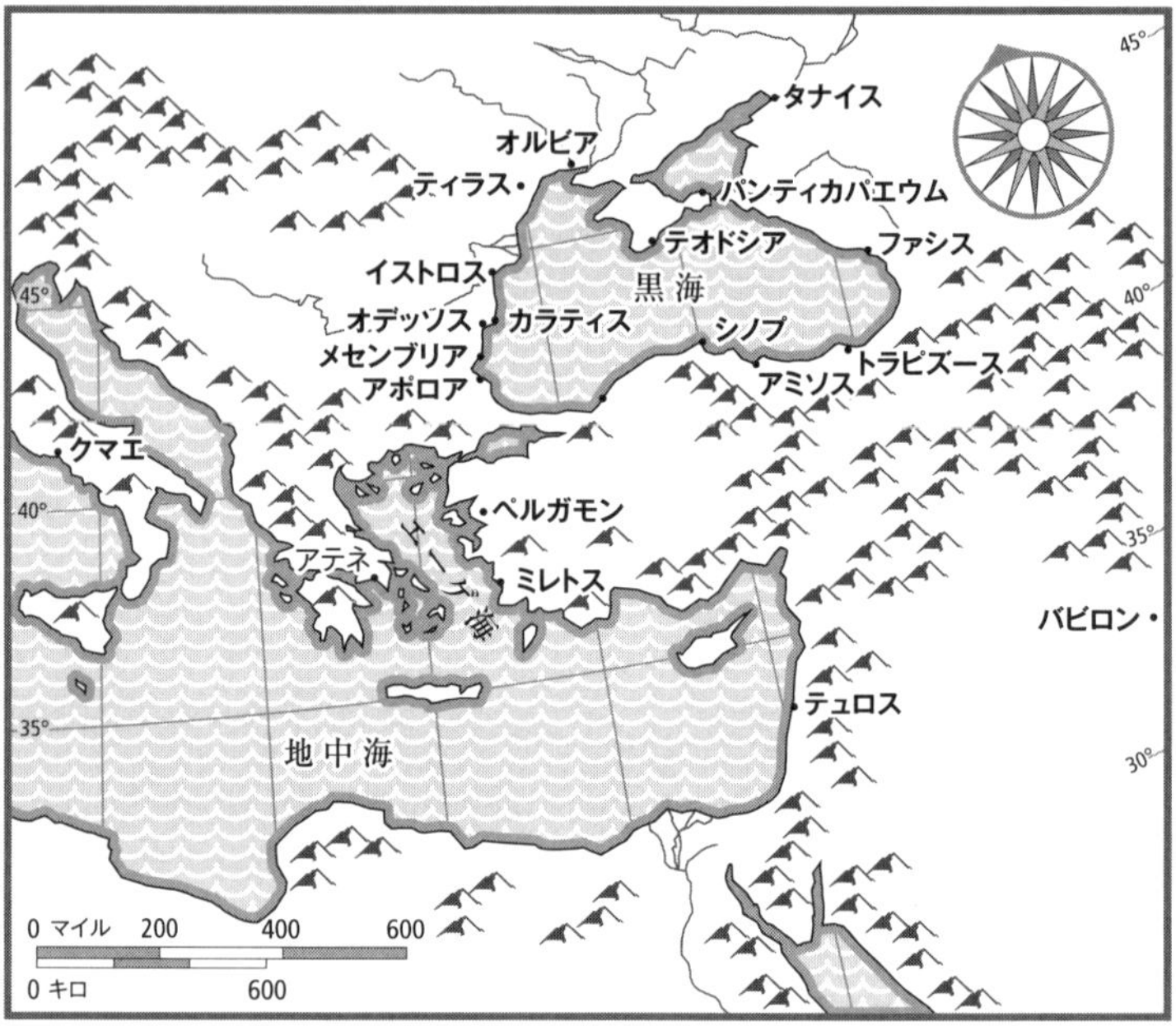

したからだ。ミレトスは、昔は岬の先端にあり、岬を囲む湾にはマエアンデル川が流れ込み、湾の出口には所々に立派な港があった。湾の周辺部の都市も繁栄していた。ここは、東は小アジアを通ってチグリス川やユーフラテス川以遠にまで通ずる交易路の要衝であり、ミレトスはこの交易路が地中海とつながる地点だった。ミレトスの繁栄は数百年間続いた。しかし、二つの自然の変化が重なってミレトスは枯渇した——海面の高さが微妙に変化したこと、そして、家畜が草を食い荒らした結果、土地が浸食され、川から流れ込む泥が増えたことだ。二つの要因が重なって増えた堆積物が湾にたまり、入江が塞がれてバファ湖ができ、かつて

海だったところが三角州になった。その結果、ミレトスの遺跡は水はけの悪い沖積平野に囲まれ、海が見えるのは約十キロ先である。

紀元前六〇〇年頃、ミレトスはミュケナイ文明〔紀元前一六〇〇年〜前一二〇〇年頃〕とそれ以前のミノア文明〔紀元前二〇〇〇年〜前一七〇〇年頃〕に遡る昔からの古い港だった。紀元前八世紀、前七世紀になると、ミレトスから大勢が船出してヘレスポント海峡、マルマラ海〔トルコ北部の内海。東はボスポラス海峡を経て黒海に、西はダーダネルス海峡を経てエーゲ海に通ず〕など黒海周辺一帯に新しい都市を建設した。資料によれば、九十の都市が新設されたというが、事実ならば、新都市は余剰人員、つまり、土地を持たない若者や追放された者、浮浪者、冒険者などを吸い上げて、地域の民族の代理店のような役割を果たしつつ既存の世界の周辺一帯に新しい交易地点を確立していた。これらはすべて母体である都市の経済的利益につながった。紀元前六〇〇年頃、ミレトスは大交易地の網の中心に陣取る巨大な蜘蛛のようだった。北は黒海北辺、南はナイル川デルタ地域、東は陸路で古代バビロニア文明の懐にある地域、西は地中海にまで及んだ。商品は蜘蛛の糸にそって流れ、同時にあらゆる方面の知識が世界の果てから集まった。バビロニアやエジプト文明からは古代の数学や天文学の知識が、また、もっと未開の地域からは人類学や地理学のような新知識が伝わった。イオニア地方のギリシャ人がいた場所は、神話ではなく、自然科学を基礎とする新しい世界観を紡ぎ出す独特の条件にあった。

最初に現れる偉大な名前はミレトスのタレスであり、紀元前六三六年頃に生まれ、前五四六年頃に没した。タレスは商人で、広く旅をして歩いたらしい。エジプトへも行って数学を研究した。エジプト人が得意な幾何学の初歩を学んだだろう。直角三角形の斜辺の長さの二乗は他の二辺の各々の長さの二乗の和に等しい〔三平方の定理〕ことも知っただろう。この定理はミレトスからさほど遠くないサモス島のピュタゴラスに伝わった。ピュタゴラスが活躍したのは紀元前六世紀後半である。ピュタゴラスはミレトスでタレスの弟子からその定理を学んだのかもしれない。エジプト人から直接学んだ可能性もある。

タレスはエジプト滞在中にバビロニアの天文学の知識を得て、紀元前五八五年の春に皆既日食を予言したかも知れない。後にタレスは自然界を観察し、利用する。気象を研究して明年のオリーブの豊作を予言し、前年のうちにレスボス島（エーゲ海東部の島）〔キオス島の説もある〕のオリーブ圧搾機を借り占め、予言が当たって大儲けした。タレスは確かに実用を目的とした科学者だった。

タレスは世界の起源についての疑問に答えようとした最初のイオニア人科学者・哲学者だった。そのことは、彼が昔からある神話をそれとなく否定していることでも分かる。タレスは典型的なギリシャ的方法、すなわち、素朴に問うことでそれを実践した。世界は何からできたか。タレスの答えは水だった。この答えに至るまでに、タレスの潜在意識の中ではオーケアノスを根源とする『イーリアス』の神話の影響を受けていた可能性はあるが、重要なのは問いそのものが示唆することで、物事は理性と論理で、単純明快さと人知の力を信じて正解を得ることを示唆している。

これが突破口となって科学はその後発展を遂げた。

＊

タレスの第一の弟子は二十五歳下のアナクシマンドロスだった。彼は万物の根源は物体、すなわち水ではなく、タレスは誤りであるとした。水ではなく「ある無規定的なもの」、「無限」であり、形あるものではなく、永遠に止まらない動きの中で乾湿、温冷のように対立的なものから成立していると考えた。無限から形あるものが生じ、消滅によってもとに立ち返った。これは抽象的思考への大きな飛躍であり、ごく大まかに現代の原子論と似たところがある。もちろん、アナクシマンドロスが原子物理学の父であるというのではなく、原子論は彼の考え方と通ずるものがあるというだけの話だ。

アナクシマンドロスは、タレスと同様に旅をした人であり、ミレトスから移住者をつれて黒海西岸のアポロニア〔現在のブルガリアのブルガスに近いソゾポール〕に行ったとされている。タレスも、アナクシマンドロスも、世界についての概念を発展させた。タレスは、大地は平らで大洋に浮かんでいると考えた。アナクシマンドロスはもう少し複雑で、自然界の力のバランスであるとした。大地は永遠に止まらない渦巻の中心に漂い、渦巻の周辺部から生まれる力の均衡でその場にとどまっている。世界は円柱形で、円筒の直径は深さの三倍あり、表面にわずかに凹みがある。彼はこの表面の地図までつくって左右対称《シンメトリー》原則に支配されていることを示した――これは最初の世界地図といえる。この地図の中心は地中海だった。北にスキタイ人、南にエチオピア人、北西にケルト人、南東にインド人が住む土地があった。エチオピア人が住む土地のさらに南は高温で人が住めず、スキタイ人の土地の北側は人が住めないほど寒冷であり、リパエイ山があって、山の向こう側は極北の地だった。この世界の周囲を大洋が取り巻いていた。西方にあってヘーラクレースの柱で地中海とつながる部分は大西洋と呼ばれた。マッサリア植民市が建設されて二十年から三十年後に生まれたこの初めての大胆な構想に若干の修正が加わって、紀元前四世紀末にピュテアスの頭の中にあった地図になった。

紀元前六世紀末、ミレトス出身のもう一人の学者ヘカタエウスは、自身の旅の体験や、ミレトスを訪れた旅人や船乗りから集めた知識を基礎に、よりよい地図を作り始めた。しかし、彼は知り得た知識を無批判に受け入れる人物ではなかった――「自分が正しいと思えることを書く。ギリシャ人はいろいろ妙なことを言うからだ」と述べたとされる。ヘカタエウスの言葉は、他の文献に引用されている以外には残っていない。中でもヘロドトスの作品の中に彼の重要な言葉が数多く見られる。

＊

ヘロドトスは紀元前四八四年に小アジア南西岸にあったドーリス人の都市ハリカルナッソスで生まれ「歴史の父」として知られている。最初の偉大な歴史家であり、作品も残っている。ヘロドトスは紀元前四七九年から前四七〇年にかけてのペルシャとギリシャの紛争という比較的限られた主題について書いたが、優れた歴史家の例に漏れず、作品を理解するための手がかりとして読者に地理や人類学の幅広い知識を提供した。ヘロドトスはギリシャと黒海周辺、小アジア沿岸地域からシリアを越えてバビロンやスーサまで大きな都市をくまなく巡り歩いた。エジプトではナイル川を下ってエレファンティネ島〔エジプト南部アスワンを流れるナイル川にある小島〕まで南下した。広く旅を経験してヘロドトスの世界地理に関する感覚は研ぎ澄まされた。学者としての慎重さからなるべく憶測を避けた。ヘロドトスは幼少期から、外海に囲まれこじんまりした土地イオニアの世界に馴染んでいた。彼はアラビア湾（ペルシャ湾）の先端から右回りにアフリカをまわり、（後に）ナイルのデルタ地方を旅した知識によってヘーラクレースの柱からインダス河口まで延々とつづく南洋〔南極海。インド洋のうちオーストラリア南方海域〕を考えるようになったが、西と北については彼の口からほとんど語られたことはなかった。ヨーロッパの西端についてヘロドトスはこう書き残した。

私は自信を持って話せない。というのは、伝え聞くように北海に注ぎ、琥珀が採れ、蛮族がエーリダノスと名付けた川があることは知らないし、我々が使う錫の源だというカシテリーデス（「錫の山」の意）と呼ばれる島があることも知らない……残念だが、ヨーロッパの彼方に海があるのを見たという目撃者の言質を得たことはない。それでも、錫や琥珀は確かに世界の果てからやって来る。ヨーロッパ北部には、どこよりも豊かな金がある。しかし、どのように採掘されるのか確かなところは知らない。一つ目のアリマスポイ〔北方の山間部に住むと信じられた一眼の民族〕がグリフィン〔胴体は獅子、頭と翼は鷲の怪獣〕から盗んでくるというが、それも信じられない。

この話は非常におもしろい。慎重な科学者が、合理的な推理の限界を述べながら当時の北方に関する知識を言い得ている。謎に包まれた土地は錫と琥珀、金が取れるということでいっそう魅惑的になった。

紀元前四四七年、ヘロドトスが短期間アテネで暮らしていたころ、彼の偉大な歴史は明らかに進行中だった。アテネに到着して一年後、ヘロドトスは講演を行って賞賛を浴びた。決して少なくないその報酬を銀で受け取った。

当時のアテネは創造的思想の中心地としてイオニアを凌ぐほどになっており、ヘロドトスは自ら進んでアテネの知的生活に馴染んでいったが、余所者であるために権利も限られていた。そのためか、植民市の遠征隊に参加し、紀元前四四三年にアテネを出発して南イタリアに新しくトゥリオイ市を建てて住んだ。この地で紀元前四二四年頃に没するまで『歴史』の総仕上げに打ち込んだ。

ヘロドトスは地中海世界にいて手が届く書物はすべて読んだだろうし、旅をして膨大な知識を集めただろう。だから『歴史』は紀元前五世紀半ば当時に知られていた世界を正しく述べたものだったろう。しかし、学者としてどれほど緻密かつ包括的であろうとも、やや古めかしい。古いイオニア的な左右対称《シンメトリー》の考え方がどうしても出てしまう。ドナウ川とナイル川という二つの大河は、互いに鏡のように左右対称であって、ともに西方の山々に源を発し――ドナウ川の源はピレネー山脈、ナイル川はアトラス山脈――ともにまず東流してから、内へ向かって大洋へ流れることは互いにそっくりである。ヘロドトスは、大地は表面にわずかな窪みのある円盤であるとも考えていた。だが、すぐに分かるように、科学は進歩していた。

『歴史』は広く知られるようになり、ギリシャだけでなくマグナ・グラエキア〔イタリア南部の古代ギリシャ植民市群〕でも知られていた――植民市が集中するシチリア島東部やヘロドトスが晩年を過ごしたイタリア南部である。紀元前五世紀末頃には『歴史』はマッサリアの知識層にも知られるところとなり、彼らは未知の西や北についてのヘロドトスの慎重な考察をあまねく確かめていくことになっただろう。やがてそこから奔流のようにケルト人の大移動が始まろうとしていた。

＊

自然科学はアテネの学問の主流から軽んぜられていたが、大地や天についての観察は続けられていた。大地はわずかに窪みのある円盤だと考えられていたが、説明しがたいこともあった。例えば、南へ旅した時なぜ新しい星が見えたのか、北へ行った時北極星の位置が高くなり、日が長くなったのはなぜかといったことだ。これらは全て大地が球体であれば説明がつくだろう。実際にそう考えたかどうかは分からない。紀元前六世紀末にマグナ・グラエキアのピュタゴラス学派はそう考えたらしい。ままならない自然観察に対する説明というよりは哲学的な概念として捉えたようだ。

ピュタゴラスは謎めいた人物である。紀元前六世紀半ばにエーゲ海のサモス島で生まれ、広くエジプトや東方を旅した後、南イタリアで急拡大するギリシャ人都市クロトーナに落ち着いた。紀元前五三〇年頃のことだ。ピュタゴラスはそこで三百人ほどの教団をつくり、倫理と宗教、哲学の研究に没頭した。秘密結社だったが故に周囲からひどく疎んぜられ、教団本部に火が放たれた。無事逃れた人もいたが、ピュタゴラスの運命がどうなったかは不明である。

イオニアの自然科学者は万物が発展する基礎となるものを探求した。ピュタゴラス学派はものの形を含めてあらゆるものの基礎は数であるとした。「万物は調和と数である」と考えた。完全な形は円と球である。だから大地も、太陽や月をはじめ他の天体も球体で、円形に回転しているはずだが、何の回りを回転しているのだろう。そこで地球からは見えない巨大な火があるという仮説を立てた。見えないのは地球面がつねに火から顔をそむけていたからだった。十は完全な数だった。従って十個の天体が火のまわりを回っているはずである。九つの天体（太陽を含む）しか確認できなかったので、十番目の天体を仮定して「反地球」と呼んだ――中心にある火の裏側にあって見えない天体である。

ピュタゴラス学派の仮説は、アリストテレス〔紀元前三八四～前三二二〕の説明によれば、観察よりも論理に基づく純粋に知的な概念だった。ヘロドトスはピュタゴラス派を知っていたのだろうか。知っていたならば、ヘロドトスはどう考えただろうか。彼はマグナ・グラエキアで死を迎えたが、この地はピュタゴラス派の活動が活発だった。ヘロドトスほどの博学者がこれほど革命的な学説を知らないでいるとは思えない。

紀元前五世紀末になると、アテネのソクラテスや弟子プラトンは、大地は球ではないかと考え、しかも、既知の土地とは比べようもないほど巨大な球であると考えたらしい。プラトンは、紀元前三九九年のソクラテスの死後、マグナ・グラエキアを広く旅して歩き、ピュタゴラス派の哲学を知った。そのことは『国家』の中で「天体の音楽」〔天体の運行が人間の耳に聞こえない音楽を奏でるという観念説〕について書いていることからも分かる。後にプラトンは、地球を中心に他の天体が回っているのではないかとも考えたが、結局は、中心に巨大な火があるというピュタゴラス派の概念に立ち返ったようにも見える。プラトンと弟子たちは、その考えに自然科学上の重要性よりも知的な美を見出した。プラトンは、最後まで、観察は潜在する理想を歪んだ誤ったものにしか映し出さない、理想は理知を通してのみ見えると考え、自然観察の価値を認めなかった。

しかし、もっと現実に根ざした考え方をする者たちがいた。アナトリア〔小アジア〕の南西岸に都市が点在するクニドスのエウドクソスという天文学者がその一人だった。紀元前三七〇年頃に書かれた天体に関する教科書はすでに失われ、後世の文献に断片的に引用されているだけだが、彼は地球の円周の計測を試みた最初の人物だったらしく、四十万スタディア〔約七万四百キロ。実際の数値は四万キロ〕〔単数形はスタディオン〕と算出した。エウドクソスの計測法が記述されたものはないが、一年の決まった日に、なるべく離れた同一子午線上の二箇所で特定の星の高さを計測するなどして導いたのだろう。これは地表の歪みを見積もる方法で、ここから半径と円周を計算する。誤差を考慮しても彼の数字は随分かけ離れているが、計測を試みたことは事実だった。エウドクソスは緯度の計測もしたらしい。一年の決まった日に真昼の太陽が同じ高さにある場所を基点に測った。これは私たちが必ず戻る重要な発想である。

紀元前四世紀半ば――つまり、ピュテアスの生存中――には科学的観察の価値が広く認められつつあった。アリストテレスは「事実を集めなければならない」と述べ、実際に事実を集め、独自に自然界を観察して当時の知識を集大成した。アリストテレスは積極的に大地が球であることを受け入れ、その確認として月食のときの地球の影は丸く、星座が南から北へ移行する観察を示し、中心にある巨大な火を否定して、地球が中心であると考えた。ちなみに、ガリレオの時代までこれは一貫して変わらなかった。地球の大きさについては、わりに小さいのではないかと考えられた。それは星座の形が比較的短い距離で速く変化したからだった。相応して、旅人から知り得た距離を使い、人が住んでいる部分に関しては、東西と南北の比率を五対三と見積もった。また、イベリア半島からインドまでは極端に遠くないと考えた――十四世紀までそう信じられていて、コロンブスに自信を与えた。

アリストテレスが世界についての知識と学説を集大成したことは、成熟した時代になったということだ。知識の断片だったものが、場所も大きさも整理され、物事の形もほぼ正確に整った。それでも未知のことは山ほどあった。よく知られている世界は地中海と黒海周辺、それにエジプトやメソポタミアの河川に限られていた。それ以外の地域は極端に寒いか暑いかであり、その先には途切れることのない大洋がヘーラクレースの柱の間を流れる狭い海峡で内海、すなわち「われらの海」とつながっていた。ピュテアスはこういう世界観の中で成長しただろう。

「外海」は何百年も人びとを魅了してきた。風向きと潮流の条件が最も良いときを待てば、ジブラルタル海峡を渡ることはそれほど困難ではなかった。そのようにして紀元前八世紀始め、フェニキア人はヘーラクレースの柱の大西洋側のイベリア半島沿岸に近い島に交易拠点を築いた。フェニキア人はガディル（カディスの古代名）と呼んだ。ローマ人にはガデス、イギリス人にはカディスである。ここからフェニキアの船は定期的にイベリア半島沿岸を北上し、現在のモロッコ沿岸を南下したが、航海は限られており、おそらくガディルを起点にせいぜい二、三日程度の範囲までだった。

しかし、例外もあった。マッサリア植民市創設とほぼ同時期に、エジプト王ネコ二世（エジプト第二十六王朝の王。紀元前六〇九～前五九三〕の治世にすごい事があったとヘロドトスは伝えている。ネコ二世は南洋の存在に興味津々だったらしく、フェニキア人の船をアラビア湾の先端に集めて船団を組み、アフリカを周航させた。この大航海についてヘロドトスは次のように簡潔な筆致で記述している。

フェニキア人は、エジプトを起点にエリュトラ海〔古代の地理で紅海とペルシャ湾を含めたインド洋北西部〕を通って南洋へ航海に出た。秋になると、どこにいても最寄りの陸地に上陸し、トウモロコシを植えて収穫期まで待った。それを繰り返しながら、再び船出した。こうして丸二年が過ぎた。三年目に入る前にヘーラクレースの柱を回って無事帰路に就いた。帰還した際、一行は、リビア〔アフリカ〕を周航中には右手に太陽があったと述べた——私としては信じないが、信じる者もいるだろう。こうしてリビアが発見された。

最後の観察はその話が事実であることの強力な証となっている。ヘロドトスも信じたい気持ちに傾いている。旅人が赤道を南下すると、太陽は右にあるだろうからだ〔太陽が東から西に昇るのは変わらないが、見る向きが北半球では南、南半球では北向きに変わるため〕。信じられないようだが、これら無名の旅人たちは、確かに初めてアフリカ大陸を周航した。次ぎにこのような偉業がなされるのは二千年後である。ネコ王が派遣した一団の旅が証拠となって、初期のイオニア地図に南洋が載った。

東から西への旅が計画されたことはまったく偶然とはいえない。ガディルのフェニキア人は、少なくとも二百年間アフリカ西岸を探検していたからである。当時は沿岸付近を航海するのがふつうで、南下は逆方向の風と潮流をまともに受けるので航海は難渋しただろう。ある程度は進めたかも知れないが、やがて南下は現実には難しいことを知ったであろう。それでも、ヘロドトスには、原住民との定期的な交易について、カルタゴの物産が金と交換されたとあり、交易相手が互いに品物を置いて立ち去る方法がとられた。並べられた品物が等価と判断したときのみ相手の品物を取った。こういう交易方法は沈黙交易と呼ばれ、信用と正直さが求められ、双方がともに利益を得て、取引を続ける意志がなければ成り立たなかった。

サハラ沿岸より南へはたびたび探検が行われた。紀元前五世紀末頃だろうか、ハノという名前のカルタゴ商人が未知の土地への冒険に挑んだが、例によって不確かな知識に頼っていた。無事に帰還すると、ハノはカルタゴのバアル神殿に銘を刻んで旅の詳細を記した。碑文そのものは残っていないが、ギリシャ人がこれを写し取り、何度も複写が繰り返される度に誤記が混じって現存する十世紀の写本として残っている。どこまでが原本のままで、どれくらい別の話や事実でないことが加えられたかについては知る由もないが、筋の一貫性がある程度保たれているので、多くの学者は古代の航海を記録した碑文として許容できる範疇のものと認めている。

話の内容はわりと単純である。旅人たちが交易場所をつくったところ、毛皮をまとった未開人に追い払われる。旅人たちはワニやカバが生息する川を見、大火山から流れ出す溶岩が海に流れ込むところや「ゴリラという毛深い動物」を見た。その動物を捕まえ、三匹やっつけたところで故郷に戻ろうということになった。アフリカ沿岸をどこまで下ったかは定かではない。控え目に見て、シエラレオネまでは行ったにちがいなく、カメルーンまでかもしれない。

ほぼ同時期にカルタゴ人ヒミルコは大西洋へ冒険の旅に出た。プリニウス〔ガイウス・プリニウス・セクンドゥス。通称大プリニウス。二三～七九頃。『博物誌（Natural History）』三十七巻〕は、ヒミルコは「ヨーロッパの外」の探検に派遣されたと記しているだけだが、四世紀末に北アフリカの役人だったルフス・フェストゥス・アヴィエヌス作のローマ詩『オラ・マリティマ』（「海岸」の意）にもう少し詳しく見て取ることができる。

アヴィエヌスがヒミルコの旅をどう述べているかについて見る前に、詩句そのものをよく調べる必要がある。『オラ・マリティマ』は海岸についてときに繰り返し力強く語っており、大西洋のどこかの海岸から始まり、マッサリアで終わる。一般には古代の周航記――つまり、沿岸の目印の案内として船乗りが使用した体験話――が基になっていると考えられている。そうであれば、周航記は故郷の港で終わるので、マッサリアの船乗りによって書かれたのだろう。マッサリアの記述は正確である。アヴィエヌスは、この基本的な枠組みに、自分好みの知識の断片を寄せ集めたり、古代の物語に取材したりしたのだろう。しかし、この作品のとりとめのない冒頭で、アヴィエヌスは、自分の博識やあまり知られていない古典への造詣の深さを読者に印象付けるために、古代の作家十一人の作品を使ったという。その結果、内容は切り貼りで雑多、地理は不正確で、つまらない詩になってしまった。しかし、野暮ったくはあっても、この作品が持つユニークな古代の海の体験記集としての魅力は変わらない。

作品を構成要素別に切り離してアヴィエヌスが用いた資料の断片を復元してみるとおもしろい。彼が非常にいい加減で、おおげさな文体で話をつなげようとしたとすれば、作業は困難であり、また、原本は一四八八年にベネチアで出版された七一四行の最終版以前に何度も書き写されて多くの誤りもあることから尚更である。

楽に切り離せる資料は、ヒミルコの大西洋の旅を描いた作者不明の一一七～一二九行、三八〇～三八九行、そして、四〇六～四一五行目である。次の抜粋で全体の感じがつかめる。

カルタゴ人ヒミルコは航海に出て［大西洋の自然］を調べ、四カ月では渡海できないと述べた。海上は無風で舟が進まず、波一つなく静かである。ヒミルコはさらに言う。海中に海藻が大量に漂い、密生したところでは船の舳先に絡みつく。海はあまり深くなく、海底はようやく海水に覆われている。このあたりには深海の怪獣が出、ゆっくりすべる船の真下で獣が泳ぐ。（一一七～一二九行）

＊

ヘーラクレースの柱の西はうねりが高く、どこまでも広い海原が続き、塩水が続くとヒミルコは伝えていた。海上は無風で、天がその息で船を運んでくれないから、この海に近づいた者はおらず、竜骨を海に持ち込んだ者はない。だから、靄がたちこめて辺りを衣のように包んでいるので、しじゅう雲がわき一日中じめじめしている。（三八〇～三八九行）

＊

海がかなり浅く、海底はどうにか海水に覆われている。繁茂した海藻が海面上に現れて潮流を妨げている。海中にはあらゆる獣が泳ぎ、いつ現れるかもしれない。カルタゴ人ヒミルコは一度これらの怪獣を目撃して調べたことがあると述べた。昔、カルタゴ人の未公開年代記にこれらの獣のことが伝えられていた。（四〇六～四一五行）

アヴィエヌスが資料をどう使ったかが分かるように原文をそのまま引用したが、それでも饒舌の下にヒミルコの報告の内容を感じ取ることはできる——四カ月の航海、浅瀬、怪獣、靄、漂う海藻群、無風状態の日が長く続いたこと。額面通り受け取れば、ヒミルコは西へ航海したようだ。ここからプリニウスの言葉「ヨーロッパの遥か彼方を探検する」の意味が分かるだろう。ヒミルコが見たものは限りなく広がる大洋で、何もない。あるのは危険ばかりだった。ヒミルコは本当に四カ月も航海して大西洋を渡ろうとしたのだろうか。サルガッソー海〔西インド諸島北西方向の比較的静かで一面海藻で覆われた海域〕のことを海藻の密集地帯であると、また、貿易風の外の赤道無風地帯を船が何週間も止まったままの場所だと述べているのだろうか。確かにそう思いたくなる――だとすれば、驚くような冒険である。ヘシオドスが記した神話のヘスペリデス〔黄昏の娘たち〕――「深く渦巻く海洋のそばの祝福された島々」――を発見しようとしたのだろうか。まったく分からないが、思わせぶりな内容は憶測を呼ぶ。

アヴィエヌスが主に使用したと思われる資料の周航記もまた見事な寄せ集めだった。周航記は船乗りの道案内で、起源は紀元前六世紀に遡るとされてきた。これはマッサリア植民市創設直後であり、ギリシャ人は交易地を確立しようとしてイベリア半島南部、とくにグアダルキビル川河口付近に住み、金属資源が豊富なタルテッソス王国と交易を始めようとしていた。次のわずかな抜粋だけでもある程度は感じが掴めるだろう。

ここからはオフィウッサ岬が目の前にそびえている。アルヴィウムの峰からここまでは二日である。だが、岬から広がる湾は一風ではたどり着かない。西風に乗って湾の真ん中に入り、南風を待つ。（一七二〜一七七行）

＊

すると、ケンプシカン（Cempsican）の高い尾根が見える……だが、住民がアカレ（Achale）と呼ぶ島はその麓にあり……島の手前まで来ると海面の様子は一変する……古代人によれば、海は汚い泥をはね上げ、泥だらけの海水は芥でどろどろだ。（一八二～一九四行）

＊

そこにゼフィリスと呼ばれる高い城塞がある。城塞の先端が尾根に高くそびえている。空にそびえ立つ頂はまるで血まみれのようにつねに霧で雲間に隠れている。（二二六～二三〇行）

優れた詩ではないが、船乗りが異郷の海岸に近づくときに必要な点はそろっている。航海の時間、風向き、目印などだ。この種の文書は航海の度に刷新され、幾世代にもわたって船長から船長へ受け継がれてきた宝だったろう。時間を超越した貴重なものだ。十五世紀に海図ができるまでは〈航海図（portolani）〉という似たような航海指図書が大西洋の航路で使われていた。

ところで、このマッサリア人の航海の年代はいつだろう。少しばかり手掛かりがある。ヘーラクレースの柱から東のイベリア半島南岸については荒涼とした土地だと繰り返され「海岸伝いに点々と都市があり、昔からフェニキア人がこの辺りを占領している。何もない砂地が延々と続き……昔はヘメロスコピウムにも人が住んでいた。今はこの地域は住人のいない、どろどろした沼地である」とある。沿岸地域にあったフェニキア人の小都市は衰退し、紀元前六世紀後半には消滅したことが考古学上の証拠からも分かっている。紀元前五〇〇年前後の数十年間にこの辺りを旅した者はそれに強く印象づけられただろう。だから、残存してアヴィエヌスが利用した周航記はこの頃のものだと思われる。カルタゴ勢力が台頭し、この海域でギリシャ人と対立する前だった。

数百年間学者の好奇心を引きつけてきたのは、アヴィエヌスが資料にした周航記に記録された最北点とはどこかという点である。オックスフォード大学の考古学者クリストファー・ホークス説は説得力があり、北端とはイベリア半島の北西の角にあたるガリシアのフィニステレ岬（フィステラ岬とも）だったと主張する。アヴィエヌスは述べている。

ここは大昔にオエストリムニス（Oestrymnis）と呼ばれた突き出た尾根の先端で、高くそびえる岩山に暖かい南風が吹きつける。岬の下にはオエストリムニク湾（Oestrymnic Bay）がある。湾内にはオエストリムニデス（Oestrymnides）と呼ばれる島々がある。島と島の間はかなり離れていて、島々には錫と鉛が豊富である。

さらに、アヴィエヌスは、住民は強く、誇り高いと述べている。よく働き、絶えず交易に従事し、獣皮を縫い合わせた舟を使っていた。少し後でイベリア（オフィウッサ。ギリシャ語で「蛇の土地」の意）について述べていると思われる不明瞭な箇所があり「この土地は初めオエストリニス、住民はオエストリニキ（Oestrymnici）と呼ばれた。蛇が多く、住民が逃げ去って無人となった土地をそう名付けた」と述べている（一五四〜一五七行）。この行から分かることは、イベリア、もしくは、イベリア沿岸の一地方の初期の名前がオエストリニスだったということだ。

フィニステレ岬は一般的な説明と一致する。高くそびえる突き出た岬が南側の広いコルクビオン湾と周囲を囲まれた深い入江、多数の島々があるガリシアのリアス式海岸を守っている。とくにここは錫が豊富である――西ヨーロッパ随一の産地である。

ここから周航記はある程度正確に陸上の目印を列挙し、想像力をやや逞しくして現在の海岸線に相当する航海時間を示している。ヘーラクレースの柱から五日の航海にある「アリウム（Aryiaam）岬」とはモンデーゴ岬のことだろう（一日に百海里進むとして）。「大洋島《オーシャン・アイライド》」とはベルレンガ島で、それに続く「オフィウッサ岬」とはテージョ川河口に近いロカ岬であると考えられ――こうして周航記は船乗りにとって馴染み深い安全なマッサリアの海に帰り着いた。

この解釈が正しければ、マッサリア人周航記は紀元前五〇〇年頃のある時、マッサリアのギリシャ人がガリシア地方の錫を求めてイベリア半島北西部に交易に出たときの航海案内だったのだろう。誰が最初に旅をしたのかは不明だが、プリニウスが『博物誌』で述べていることを思い出してみるとよい。プリニウスは簡単に「ミダクリトゥスが初めて錫の島から錫を輸入した」と述べている。問われて、こう短く答えたのだろうか。ミダクリトゥスは船長で、マッサリアの港から錫の産地の港までの航路を開いた可能性があり、彼はタルテッソスの港で話に聞いていたのだろう。あるいは、彼は仲介者で、ガディルのような交易の中心地を利用して、相手先から持ち込まれた積荷を母国に運んだ可能性もある。いずれにせよ、アヴィエヌスの探検の物語は五百年後にプリニウスが関心をもつほど広く知られていた。

ここで、もう一人、謎の人物のことを述べておきたい。それはエウテュメネスで、この人もマッサリア出身である。エウテュメネスによれば、大西洋は真水であり、ナイル川のような生き物がおり、ナイル川は大西洋から始まり、大西洋の疾風が海水を下流に押し上げて洪水が起こる。おそらくエウテュメネスは、アフリカ沿岸を南下して実際に西アフリカの川を見たのかも知れないし、あるいは、ガディルで安逸な生活を送りつつ、誤りの多い噂話を拾っただけだったかもしれない。いずれにせよ、乏しい貢献ではあっても、エウテュメネスは後世の同郷人ピュテアスと並んでマルセイユ証券取引所で栄誉を称えられている。

＊

私たちの『オラ・マリティマ』の解剖はまだ完全には終っていない。『オラ・マリティマ』では、まずオエストリニスの岬を紹介した後、アヴィエヌスは、イエルニ（またはヒエルニ）族が住む聖島《ホーリー》までは二日の航海で、近くにアルビオンの島があると述べた。一般にこれはアイルランドとイギリスのことであるとされ、あとに続く句では北の外れのこの土地の詳しい様子を加えている。オエストリニスがガリシア北西部だとすれば明らかに難点がある。そこで、オエストリニスはブルターニュ半島ではないかという説が多く、ブルターニュの西側はピュテアスもだいたい同じような名前で呼んでいることが裏付けとなっている。しかし、それでは周航記の初めの部分の解釈が困難になる。一見矛盾するこの問題は、大西洋に堂々とそびえる二つの岬が同じ名称で知られており、アヴィエヌスは、まったく別の言い伝えを同じものだと思い込んで周航記にまとめたと解釈するとすっきりする。（アヴィエヌスには多少同情する。だいぶ後になってBBCの海上気象予報を聞いていたとき、しばしば耳にする「フィニステレ」はブルターニュのフィニステール県ではなく、ガリシアのフィニステレ岬周辺のことだと気がついた）。

この説明が正しいとすれば、アイルランドとブリテンにはブルターニュから二日の航海とされていることや、北部地域について書かれている断片の出典は全く違う。ピュテアスが出所の可能性さえある――これについては後述する。

度重なる改作と筆写で、今日では原文の面影もないほど錯綜したずたずたの断片でしかないので、ここから紀元前四世紀末にピュテアスの頭の中にあったであろう世界像を形づくることはできない。ピュテアスは、百年前に書かれたヘロドトスの『歴史』を知っていて、錫の島のことや、どこかの北海の外れに琥珀があると書かれてあることを知っていたかも知れない。西アフリカ沿岸のことや、空虚な大西洋の探検の話も聞いていたかも知れないし、実際に年老いたエウテゥメネスから大西洋を冒険したという自慢話を聞いたというマッサリアの老人たちと語り合ったかもしれない。貴重な周航記を手にとった可能性もあり、イベリア半島の荒涼とした海岸に想像力をふくらませたかも知れない。若い頃にガディルまでは航路を辿ったかも知れない。しかし、西地中海の大半が対立するカルタゴの支配するところとなって、自由に海を動き回れた時代は終わりを告げることになった。

第三章　地中海からの脱出

紀元前五〇〇年前後に周航記を書いたマッサリア人は、ガディルを訪れたとき、この都市にそれほど感銘を受けなかった。昔は繁栄の中心だったが「今ではさびれた瓦礫の山だ」と述べている。この頃ガディルはさびれていた。紀元前六世紀末にはこの地の経済は衰退していた。時代の節目であり、フェニキア植民市の商人とタルテッソス王国との間で栄えた交易は衰退しつつあった。レバノン沿岸のフェニキア本国とシリアの間でただならぬ紛争が起きたことや、タルテッソスの金属資源が枯渇したことも原因だった。一方、その後に勃興したカルタゴ人の国は、現在のチュニス湾に面した場所に都市を築き、勢力範囲をさらに西へ拡大しようとしていた。

ガディルの再興は目に見えていた。この大西洋の島はイベリア半島本土から僅かしか離れておらず、地中海と大西洋をつなぐ海路の要衝を占めている。錫が豊富な北部のガリシアに向かう船や、さらに北を目指す船が出航する港であり、アフリカとの金・象牙交易のためにモロッコ沿岸を南下する船の港でもある。ガディルはグアダルレイテ川やグアダルキビル川、オディエル川を利用してイベリア南部の豊かな資源に近づく交易の要でもあった。

ガディルはヨーロッパ最古の都市に数えられる。昔から抜きん出た海の拠点だった。今日、古代都市は高い岩の上に一塊になり、狭く薄暗い道で碁盤の目のように仕切られ、密集した高い建物はどの壁面も海側に開いている。生活のテンポといい、騒音や匂いといい、ヨーロッパでもアフリカでもある。一五八七年にサー・フランシス・ドレーク〔イングランドの提督・私掠船長〕がガディルに寄港し敵船を焼き払って以来、イギリス人には馴染み深い。それから十年後にドレークはさらに五十隻の船を破り、都市まで略奪した。その後もイギリスは一六二六年と一六五六年にガディルを攻略している。一七〇二年は大きな成果はなかったが、それでも、一年間の封鎖（一七九七年二月〜一七九八年四月）と一八〇〇年ネルソン提督による圧倒的な砲撃でイギリスは海軍力で優位に立ち、やがて一八〇五年のトラファルガーの海戦で頂点に達する。イギリスの侵略行為は根拠のない野蛮な破壊とばかりは言えなかった。地中海から大西洋へ出る航路を支配する海の拠点カディスの戦略上の重要性を反映していたのである。近代初頭の帝国主義国家間の争いの本質は紀元前八世紀にも通じ、当時、地中海の貿易政策は、その活動範囲を見張ることになりつつあった。

古代史家によれば、ガディルは紀元前一一〇〇年にテュロス〔レバノン南部の地中海沿岸にあった古代フェニキア人の海港都市。現在はスール、聖書ではツロ〕のフェニキア人によってつくられた。しかし、考古学上の確証はない。この古代都市の系統だった発掘は行われて来なかった。現在では建物が密集し、考古学的資料が残っていそうな場所は地下の深いところにある。大がかりな発掘が行われた本土の数カ所、すなわち、オディエル川河口のウェルバからガディルの反対側のトーレ・デ・ドニャブランカの入植地には、紀元前七七〇年〜前七六〇年頃より古いフェニキア人の影響の跡が見られる。このことからガディルの入植は紀元前八〇〇年頃とする学者が多い。証拠がないことは無かったことの証拠にはならないと主張する学者たちはまだ結論を出したがらない。紀元前十三世紀から地中海の東と西の海運に関する発見が増えていること、および、急成長するフェニキアの都市テュロスの遠征隊が、少数だがヘーラクレースの柱を越えて探検を試みたとしても不思議ではないという点を指摘する。これら外へ向かった者たちは、やがてタルテッソスやその先の大西洋沿岸に豊かな金属資源があることを知るが、あまりに遠すぎ、また、当時は困難な旅をしてまで手に入れるほどの需要はなかった。

しかし、紀元前九世紀末に状況が一変した。強大なアッシリア王国は大量の資源が必要だった。とくに銀は交換の媒介として使用された。レヴァント〔東部地中海地方の歴史的名称〕に点在するフェニキア人諸都市は地理的条件を生かして中間商人としてめざましく活動し、拡大していった。紀元前九世紀にはサルディニア島南部のノラに植民市ができたらしく、また、紀元前八〇〇年より少し前にカルタゴ人が対岸のアフリカに定住した。この時代にガディル諸島にも人々が移り住んだと思われる。

新しい都市はフェニキア語で〈Gdr〉と呼ばれ、はっきり発音すればガディルとなる。ギリシャ・ローマ世界ではガデイラ、ゲデイロイ、ガデスなどと呼ばれていた。複数形で呼ばれたのは都市が三つの島にまたがっていたからである。事実上の入植はエリテイアという最北端の島（現在のカディスの旧市街地）で、当時は西側から突き出る二つの岩山に挟まれた良港があった。海面上昇と沈泥で地形は変化したが、海底のそれほど深くないところにかつての二つの岬の跡が確認できる。エリテイアは狭い海峡で細長い島コティノウサと分断されていた。コティノウサは主に埋葬地だった。エリテイアの南端にはフェニキア人の神メルカートを祀る神殿があった。この神格は後にギリシャ・ローマのヘーラクレースと混同する。メルカートの聖所は地中海世界の隅々まで知れ渡っていた。ユリウス・カエサルが神託を乞い、スペイン人であるトラヤヌス帝やハドリアヌス帝も崇拝した。三番目のレオン島も墓地として使用されていた。その後、海面上昇と沈泥で島々は本土とくっつき、とりとめなく広がる現在の都市になった。

紀元前六世紀初めに地中海の対岸で大きな政変があり、その余波は地中海の中央部と西部にも波及した。最大の影響を及ぼしたのは紀元前五七四年に起こった出来事で、テュロスが十三年間持ち堪えた末にネブカドネザール王のバビロニアに降伏した。レヴァントにあったフェニキア人の諸都市はこの時代に新しい巨大勢力に屈した。これらの出来事はマッサリアやガディルの事情とかけ離れているように見えるが、地中海は急速に相互依存の経済圏になりつつあった。一方の端で石を投げると、細波は対岸にまで波及した。

テュロスとその交易相手の諸都市が独立を失ったことで、地中海中部・西部は自立せざるを得なくなった――へその緒が切られ、子どもは独立した。不安定な情勢の中からやがてカルタゴが覇者として現れた。碧々としたチュニス湾を本拠とし、地中海の東から西まで縦横に航海するカルタゴには初めから地の利があった。チュニス湾は北アフリカ沿岸を東から西へ航海する船やシチリア島、サルディニア島へ行く船にとっては天然の寄港地だった。

俄かにカルタゴは覇権を握ろうとした。紀元前六世紀半ばにまずイビサ島を手に入れた。イビサ島はその約二百年前からガディルの拠点として交易で栄えていた。地図を見れば輸送に関わる島の重要性が一目でわかる。南に位置するカルタゴの港やサルディニアの西から船出して西進する船は、イビサに寄港してからイベリア沿岸伝いに六十海里〔約百十キロ〕ほど進むとカーボ・デ・ラ・ナオ〔「船の岬」の意〕沖に到達する。西地中海航路はそこからイベリア半島沿岸伝いに進んだ。カルタゴはアフリカ沿岸航路と並んで北寄りのこの海路を支配することで、西地中海航路の南半分を意のままにし、ガディルなどフェニキア人の旧港すべてを勢力圏に収めようとした。

カルタゴは海路を支配して経済を独占しようとしたが、当初は地中海を北寄りに航行するエトルリア人やその後継者たるローマ人と覇権を争うつもりはなかった。ギリシャ人の海上活動を抑えたい気持ちの方が強かった。前述のとおり、カルタゴは紀元前五三七年前後に、フォカイア人をアラリアに定住させまいとしてエトルリアと手を組んだ。その後紀元前五〇九年にカルタゴとローマの間に協定が成立する。ポリュビオス〔紀元前二〇〇頃～一一八頃。ローマ興隆期を既述した『歴史』の著者。第八章で詳述〕はこの協定について記録した。

これらの条件でローマとローマの同盟国、および、カルタゴとカルタゴの同盟国の間には友好関係が成立する。ローマとローマの同盟国は、嵐や敵の襲撃に遇ってやむを得ない場合でない限り「美」と呼ばれる岬を越えて航海しない。やむを得ず越えた者は、商取引をせず、船の補給、あるいは犠牲を捧げるために必要とする以上を買い求めないこととし、五日以内に立ち去ることとする……

こういう内容である。両勢力間における個人の商業活動の限度を正確に定めたなかなかの協定である。紀元前三四八年と前三〇六年の二度にわたり新協定が合意され、双方の共通の利益はさらに二百年間維持された。この時代、カルタゴの真の敵はギリシャだった。理由はよく分からない。シチリアはイタリア半島のつま先と北アフリカ沿岸の北端の間にある狭い海を支配していた。移住が盛んな頃、フェニキア人はシチリアの西側に植民市を建て、ギリシャの植民市は、メッシーナ海峡を見下ろす島の東側からギリシャ人がかたまるイタリア半島南部に広がっていた。マグナ・グラエキアのギリシャ諸都市は、商業でも、軍事面でも強い同盟関係を形成していた。紀元前六世紀には、ときに敵対する派閥の間で争いが起こり、紀元前五世紀になっても争いは絶えなかった。初めは紀元前四八〇年にシチリア北岸のヒメラ近郊でギリシャがカルタゴに圧勝したが、この世紀の末、すなわち紀元前四〇九年から前四〇六年の間にカルタゴ勢力が強まり、北部のヒメラと南部沿岸のセリヌスとアグリジェントゥム、ジェラのギリシャ植民市を奪った。シラクサのディオニシウスが反撃に出た後、紀元前三九七年に二勢力圏の境に境界線が引かれた。その後五十年間不安定な休戦状態が続いた。

紀元前三四二年、武力衝突が再燃した。この時ギリシャ軍の総大将はコリントス出身の将軍ティモレオンである。四年間の小競り合いの末に和平が成立するが、紀元前三一八年に衝突が再燃し、このときギリシャの総大将は地元シラクサを支配するアガトクレスだった。アガトクレスはシチリアでシラクサを包囲されるなど何度か負け戦を強いられた末に大胆な作戦に打って出た――カルタゴに戦争をしかけたのだ。戦場をカルタゴに移して、である。チュニス湾を挟んでカルタゴと向き合うだだっ広いボン岬にギリシャ軍の上陸を敢行した。それからは取りとめのない戦いが続き、紀元前二八九年にアガトクレスは戦死した。シチリアの歴史家ディオドロス〔生没年不詳で、紀元前六〇～三〇頃。『歴史叢書』四十巻〕は、ギリシャ軍が目にした北アフリカのカルタゴの様子をきわめて印象的に語っている。

あらゆる種類の庭や果樹園があり……どこもかしこも立派な白壁の家ばかり。住民の豊かさがわかるというもの……土地はブドウ畑やオリーブ畑に耕され、果樹も多い……牛や羊の群れ……となりの牧草地には……草を食む馬たち。

ディオドロスの要約はすべてを物語っている。「一言でいえば、この地域はとても豊かだ。ここはカルタゴ人の高位貴族の土地で、彼らはその豊かな自然のおかげで人生を享受している」。言いたいことは明らかである——この土地は肥沃で生産性が高い。奪い取るべきだ。約二百年後、ローマの大カトーが元老院でカルタゴのイチジクの実を投げ「カルタゴを滅ぼさねばならぬ」と叫んだことは有名だが、このとき彼は二つの事実をはっきり示していた。すなわち、カルタゴは近い。近すぎて油断できないということ。また、カルタゴの領土はずば抜けて豊かであるということだ。大カトーの主張が消え去ることはなく、紀元前一四六年にスキピオが率いるローマ軍はカルタゴを焦土と化し、領土を奪った。

さて、少し時代を進みすぎてしまった。既述のとおり、紀元前四世紀にギリシャとカルタゴの間に断続的な戦争があった。シチリアをめぐる争いであり、西地中海一帯を包み込む広範な争いを象徴していた。海上貿易の覇権を握ろうとする経済戦争だった。シチリア島でいつ果てるともなく小競り合いが続いている間、カルタゴはアルジェリアとモロッコの地中海沿岸を確実に手中に収め、サルディニア島への居座りを正当化し、また、イビサからガディルまでイベリア半島のフェニキア人の旧港をすべて奪い取った。その結果、西地中海の南部全域とヘーラクレースの柱への通路はカルタゴのものになり、ギリシャにことごとく敵対するようになった。ところが、敵対行為がどういう形をとったのかよく分からない。ギリシャの船がこれらの海域に入れなくなったのか、あるいは、ジブラルタル海峡から閉め出されたのか。長い間そう考えられていたが、切れ間があり、紀元前三三八年から三一八年にかけてシチリアでの戦いが行き詰まっていたときは、カルタゴの制限も緩み、ギリシャの船はこっそり大西洋に出ることができたのだろうか。その可能性はある。しかし、長期的に見れば、紀元前五〇〇年から前二五〇年までは西地中海の南部と西部でのギリシャ人の活動はかなり制限されていたと見るのが妥当である。アンダルシアの銀と銅、ガリシアの金と錫はもう定期的にギリシャ世界に入らなくなった。マッサリア商人は供給先の転換を視野に入れ始めた。

さて舞台が整い、いよいよ謎の人物ピュテアスに登場してもらうときである——船乗り、商人、科学者、そして冒険家などさまざまな顔がある。競争が激化する世界で、マッサリアは生き延びるために新市場を発見して資源の新供給先を独占する必要が生まれた。そのために危険を覚悟で未知の世界を開拓しようとする者が必要だった。ピュテアスはこの挑戦を受けた。

ピュテアスがどうやって地中海から出たかについては議論が多々ある。一つの解釈は「カルタゴの封鎖」は架空の話で、ギリシャ船は自由にジブラルタル海峡を通ることができたということ。この解釈をさらに突き詰め、ピュテアスの航海はシチリアをめぐるギリシャとカルタゴの敵対が和らいだ紀元前三三八年〜前三一八年の間だったと考える。そうすると、ピュテアスの航海を紀元前三二五年頃とする別の証拠とぴたりと一致する。

もう一つ興味深い解釈がある。ピュテアスは旅の初めから終わりまで自分のペンテコンテロスで航海したのではなく、港から港へ船を乗り継いで行ったというものだ。だとすれば、イベリア半島南東部のヘメロスコピウムの港あたりでカルタゴの交易船に乗ってガディルまで行き、船を乗り換えて、錫を積出すガリシアの港へ向かった可能性もある。そうすれば費用が節約できるので、この解釈は捨て難い。一つの船だけで航海すれば費用が莫大となる。ストラボンによれば、ピュテアスは裕福ではなかった。もちろん、これは何の証しにもならない。ひたすら探究をつづけるのみだ。

なるほどと思われる解釈は他にもある。ピュテアスの最大の目的が北ヨーロッパの大西洋沿岸を探検して錫や琥珀などの資源を発見することだったとすれば、陸路オード川とガロンヌ川を経由してジロンド川の河口まで出、そこから船に乗った可能性がある。このルートはすでに北方の錫が運ばれて来る主要交易路だったので、ルートを逆にたどることがあってもおかしくない。イベリア半島に近いマッサリアから海路でジロンド川まではおよそ三千二百キロだが、陸路では五百キロくらいのものだ。ピュテアスはマッサリアから船でアグドのギリシャ人の港を目指して西進し、沿岸伝いにオード川河口まで下ってナルボ（ナルボンヌ）の港で陸に上がる。およそ百三十海里〔二百四十キロ〕、せいぜい二日の旅である。ナルボからは陸路で、まずオード川流域にある丘陵地帯の町カルカソ（カルカソンヌ）へ行き、そこからモンターニュソワールとピレネー山脈の山麓地帯の細長い低地（現在はミディ運河を通るルート）を通ってトロサテスの主要な町トローサ（トゥールーズ）に出る。そこから川を下ってブルディガラ（ボルドー）辺りに出る。この辺りまでは遠洋航海の船がたどり着けるだろう。ピュテアスはブルディガラでジロンド川から海岸沿いに北のアルモリカ〔フランス北西部の古代名。ほぼブルターニュに当たる〕へ行く船を拾うことができただろう。ナルボからブルディガラまではせいぜい四百キロ程度であり、半分以上は川を下る。七日から十日あればここまで来られるだろう。

当時このルートが頻繁に使われていたことはマッサリア・ワインのアンフォラの分布、あるいは、カルカソやトルソなどの町でギリシャの赤絵陶器が出土することで分かる。ピュテアスの目的が大西洋に出ることならば、頻繁に使われる陸路を選ぶことが賢明な選択だったのではないか。果たしてピュテアスはそうしたのか。

この疑問に迫るためには、一つに、ピュテアスについて書かれたものの中にわずかでも彼がイベリア半島を周航したことを仄めかす記述がないかどうか調べることだ。ピュテアスとイベリアを結びつける記述は二つあり、ともにストラボンの『地理誌』に引用されている。一つは突き放したような表現で「だから、これらはピュテアスが述べたことで、そこ〔北西の方角にある遠隔地〕から戻ってから、彼はヨーロッパ沿岸をガデイラからタナイスまで踏破した」（『地理誌』二・四・一）と書いている。この記述はいろいろに解釈されているが、そのまま受け取れば、ピュテアスは北方の探検から帰ってきた後に、地中海と黒海をあまねく航海したと示唆している。「ガデイラからタナイス」という表現は、古代の文章家がヨーロッパの長さを譬えて使う文言であり、「ガデイラ」と「タナイス」とは西端と東端のことである。現代でも「トンブクトゥまで行く」〔トンブクトゥはアフリカの国マリの都市〕という表現があるように、地理的な正確さを現すものではなく漠然と遠く離れた土地を指している。

二番目（『地理誌』三・二・一一）は、いささか好奇心を刺激する。ストラボンはイベリア半島の大西洋沿岸に関するエラトステネス〔紀元前二七六頃～前一九六頃。古代ギリシャの地理学者、数学者〕の諸々の発見を写し取って一つにまとめ、アルテミドロスは異論を唱えていると述べている。ここにはガデイラ（カディス）から聖岬（ポルトガル最南端のサン・ビセンテ岬）までの長さ、引き潮がこの地点で終わるという観察、そして、イベリア半島の北部を通る方が「航海よりもケルティケー（ケルト人の土地、すなわちガリア）に行きやすい」とある。アルテミドーラスが異論を唱えた所見の最後にストラボンは「彼（エラトステネス）の言うことは何でもピュテアスに依拠している」と付言している。これは、全てピュテアスの観察であると示唆する一方、最後の責任はピュテアスにあるとも読める。ガデイラから聖岬までの距離や潮汐の観測について、エラトステネスは、マッサリア人の周航記やイベリア半島の大西洋岸に詳しいガディルの船乗りに聞くなど、さまざまな経路で知識が得られただろう。キュレネー〔北アフリカ地中海沿岸の古代都市〕の人エラトステネスは、紀元前二三四年～前一九六年頃まで有名なアレキサンドリアの図書館長を務め、ここで『ジオグラフィカ』三巻を書いたが、すべて失われ、ストラボンの書に言及されているのみである。エラトステネスは図書館で自由に有名な書物を手にとり、自著を執筆する際の資料に使えたのだろう。

エラトステネスが他の何を資料にしようと、イベリア半島北部については明らかにピュテアス

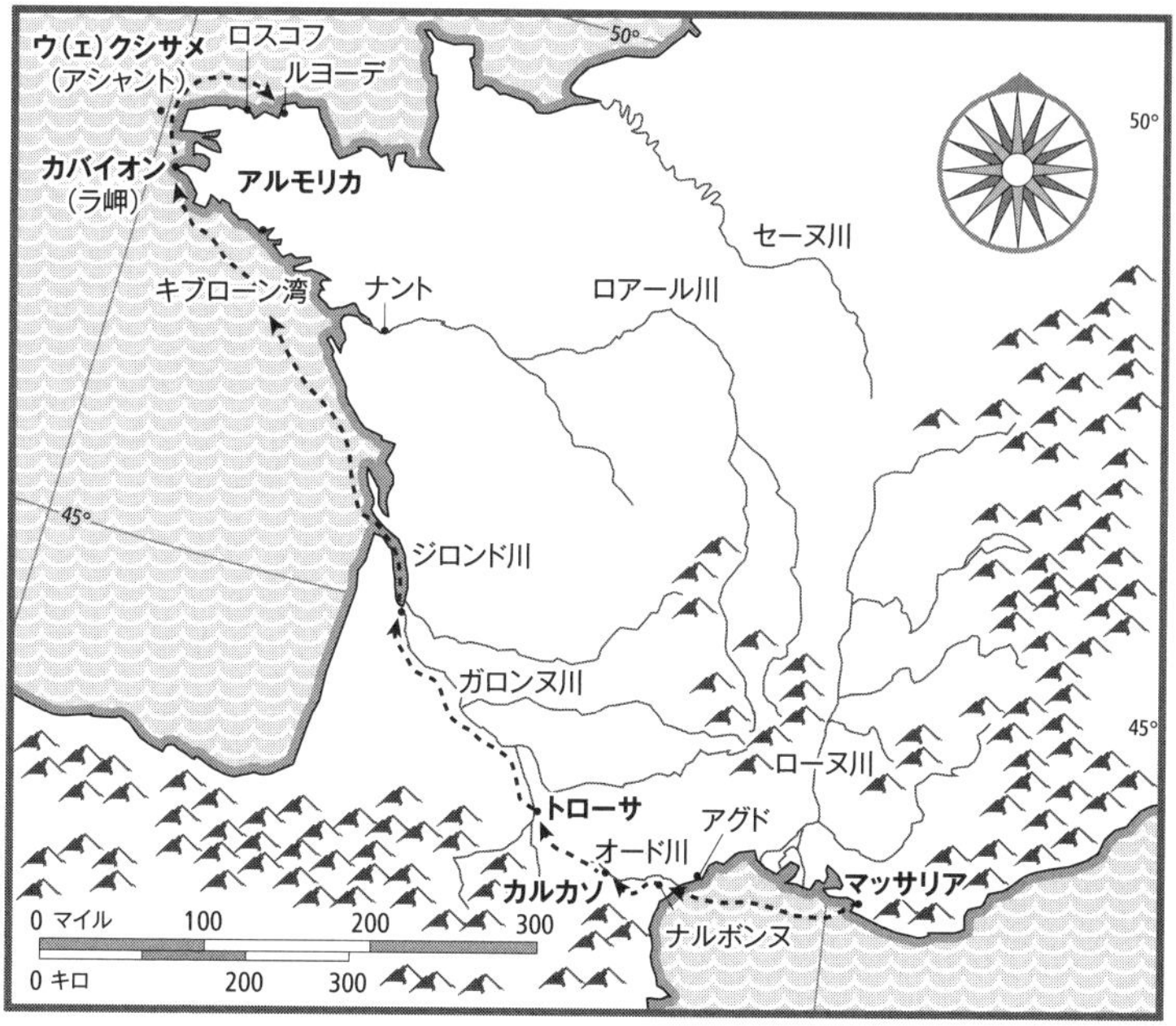

の記述に基づいている。ピュテアスが何と言っていたかだが、彼はイベリア北部の港へは半島を船で回るよりもケルティケーから行ったほうが速いと言った。現代地図を見れば分かるとおり実に正しい観察である。ピュテアスはそれをジロンド〔フランス南西部の県。ボルドーの産地〕で出会った船乗りから聞き、自分の目で確かめたかも知れない。ストラボンは自分の知識と一致しないのでその説明を一蹴した。しかし、半島を横断する人には至極当然だったろう。

だから、古文書の断片を議論する場合は絶対に正しいと言い切れないが、イベリア半島に関する二カ所の言及から、ピュテアスがイベリア半島をぐるりと回ったと考える必要はまったくない。古文書と考古学上の証拠に加え、地理上の事実と当時の西地中海情勢を加味すると、ピュテアスは余分な時間をかけてイベリア半島を回るよりも陸路をとり、昔から商人が通った道を辿ったと考える方が僅かに可能性は高いようだ。

これが正しければ、ピュテアスが通った道は南にアクィターニー族、北にケルト族と二大民族の文化の境目とほぼ偶然に一致する。この点についてピュテアスは何も語っていないが、二百五十年後のユリウス・カエサルはそれを明確に指摘し、考古学上の証拠とも一致する。このルートの土地で話される言語は、言語学者がケルト語と呼ぶものであり、紀元前一世紀半ばローマ帝国の一部に組み込まれていった当時のガリアの大部分に共通とされ、イギリス諸島でも話されていた。ケルト語はマッサリアの奥地の土着語だったので、ピュテアスも同行者もよく知っていただろう。身分の低い人たちのケルト語による日常会話を聞いていたのではないか。ひょっとしたらピュテアスもケルト語で意思伝達ができたかも知れない。仮にできたとしても、よく似た言語同士でありながらブルターニュ人がウェールズ語を理解しにくいように、北部のケルト族には彼の南部方言はあまり通じなかったかも知れない。しかし、ピュテアスが旅の間ケルトの諸方言に通じる現地人を通訳にすることはさして困難ではなかったはずだ。

ブルディガラに到着したピュテアスは、大西洋の北へ向かう船を探しただろう。旅の次の段階では、地理的にある程度の正確さが出てくる。とはいえ、ストラボンの引用にはかなり誤りがある。ピュテアスの原本にあったと考えられる最も重要なところは、ヨーロッパ大陸の西に長く延びる突出部である。ギリシャ語の〈kyrtoma〉であり、文字どおり突出部を意味し、長さは「三千スタディアは下らない」。大西洋の端には様々な岬があり「とくにカバイオンと呼ばれるオスティミオイの岬や沖の島々も………いちばん遠い島ウ（ェ）クシサメ（Ou(e)xisame）までは三日の航海である」。西に向かって突出したこの部分はイベリア半島の北にあり、ケルティケーの一部である（『地理誌』一・四・五）。

こう記述した際、ストラボンは慎重にエラトステネスが書いたとおり繰り返していること、エラトステネスはピュテアスを基礎にしたことを指摘した。これとストラボンの頭の中にあるヨーロッパの地理とは全く一致しないので、すべて「ピュテアスの作り事」として退けた。しかし後に、オシスミー族（ピュテアスはオスティミオイと呼んだ）について「はるか遠くまで海に突き出た岬に住む」が「彼（ピュテアス）や彼の言葉を信用する者たちが主張するほど遠くまではない」と述べて表現をやや修正した（『地理誌』四・四・一）。

実際の地理は疑う余地がない。突出部とはアルモリカ半島（ブルターニュ半島）にちがいなく、その場合、最西端の島ウ（ェ）クシサメとはフィニステール県の西岸から約二十キロのアシャント島（ウェサン島）であると考えられる。風光明媚だが、危険な、この辺りの海岸を周航する者には欠かせない目印である。アルモリカ半島に多い岬の中で、ピュテアスがカバイオンと名付けた岬は南西の端にあると考えられる――ラ岬（Pointe du Raz）のことで、西の沖にサン島（Iles de Sein）がある。アルモリカ半島の南西の先を安全に航行したい船乗りたちは、必ず島々と岬の間を通った。ここに名前が挙げられた二カ所は、この海域を航海する者ならば誰でも知っていたはずの場所と偶然に一致するのではない。

大陸が突き出たところの最西端にはオスティミオイ、すなわち、オシスミー族が居住し、ウ(エ)クシサメまでは「三日の航海」だった。ジロンド川のルートをとっても要する日数と完全に一致する。半島の突出部へは「ほぼ三千スタディア」とストラボンが記しているのは、経験則から一日の航行を千スタディアとして計算した結果だろう。ストラボンがピュテアスの説を受け入れ難かった理由は、自分が考えるヨーロッパ大陸の大西洋側と一致しないからだった。ストラボンの考えでは、ケルティケーの海岸はピレネー山脈から北東の方角にほぼまっすぐのところにあり、イギリス海峡で分断され、イベリア半島の北岸からアイルランドまでは海が広がっていた。ピュテアス説は概ね正しいが、ストラボンの説では西に広がる大きな半島――アルモリカ半島――を受け入れる余地がなかった。ストラボンは、始めは作り話だと決めつけたが、既述のとおり、後にピュテアスの説は誇張だとする意見に修正した。ストラボンが突出した土地の長さを三千スタディア(八百七十キロ)としたのは実際のアルモリカ半島としては長すぎる。ロアール川河口からラ岬までは二百キロ程度にすぎない。誤りは、彼がジロンド川から三日の航海を真西だと考えたことにあり、実際にはビスケー湾沿いを北西にぐるりと回った。

それとなく伝わることは、アシャント(ウェサン島)までひと足だということだ。これは全く理屈に合わないことではなく、沖合でオレロン島、ユー島、ベリル島を目印にすれば容易にできた。

ピュテアスにはブルターニュ本土に上陸したと述べている箇所はないが、彼ほど好奇心の強い男がここまで来て上陸せずに、後から土地の舟で所々を探検したというのは信じられない。実は上陸したことを立証する断片的な証拠がある。唯一の科学的な観測がたまたま残っている。

ピュテアスは天文学に強い関心をもつ自然科学者として古代社会に知れ渡っていた。彼を尊敬する学者の一人で、紀元前二世紀後半にロードス島で活躍していた古代の最も偉大な天文学者ヒッパルコス〔紀元前一四六～前一二七〕の書を通じてピュテアスの天文学への貢献が分かった。ヒッパルコスは『アラトスとエウドクソスの「天象譜」の註解』を著し、一部は現存している〔アラトスは紀元前二七一～前二一三、政治家。エウドクソスは紀元前四〇〇頃～前三四七頃、数学者・天文学者〕。エラトステネスの学説を批判した『エラトステネスの地理学に対する批判』は現存しないが、ストラボンに何カ所か引用されている。ヒッパルコスは『註解』の中で、夜空と北極について論じている。現代では真北を見るとき北極星を目印にする。北極星は動かないものと思っている。シェイクスピアはシーザーに「私は北極星のように不動である」と言わせたのではなかったか。だが、実際には星々の真北に対する位置は変化し、紀元前四世紀末に真北の位置を決めるのは難しかった。ヒッパルコスはそのことをはっきり述べている。「極点に星は一つもなく、極に近い空間に三つの星がある。極点となるのはこれら三つの星と四辺形によく似た形をつくるところである。マッサリアの人ピュテアスも同じことを述べている」。これは称賛の言葉である！

ヒッパルコスの数々の業績には各地の緯度を計算したことが挙げられ、計測地点の南北が位置づけられれば、正確な地図を作ることが可能になった。そのためには三つの知識が必要だった。ヒッパルコスはすでに太陽の見かけの通り道の傾斜〔黄道傾斜角*〕と地球の円周を計算していた。必要なことは各地点を測定して夏至の正午にできる影の長さをノーモン〔古代人が太陽の南中高度測定などに用いた日時計〕の数値の比で表すことだった。最も高い至点のときの太陽高度を推定することは可能なので、至点を外れた日に測定しても、観測日と至点の日が分かっている限り数値は修正できる。

ピュテアスが観測したのはヒッパルコスの二百年前で、結果を緯度に換算する知識はなかったが、何度も繰り返しノーモンで測定していた。既知の故郷マッサリアの位置を把握してマッサリアからどれだけ北へ進んだかを照合したのだろう。ヒッパルコスもこの方法を使い、正しい方法だと信じていた。ピュテアスができるだけ正確に、詳しく旅を図に記したことは、かなり高度に教育された知的好奇心によるものだといえる。アルモリカはその一つで、こういう正確な観測は地上でしかできないだろうから、ピュテアスは陸上を行ったにちがいないということになる。

ピュテアスの観測がどこで行われたのか正確には断定できない。それは、とくに計算に小さい誤りがあるためだが、現代では、緯度はおよそ四十八度四十二分と計算されている。ただし、許容範囲の誤差はある。ストラボンによれば、これは「ケルティケーの大西洋岸」に相当し、実際にブルターニュ半島北端にあるトレゴールを横切り、ラニョンの町を通ってさらに西のロスコフで再び海岸に出るというものだ。計算された緯度がピュテアスの測定地点だったと受け取ることはできないが、ブルターニュのモルレ湾とサン・ブリユー湾の間の北の沿岸のどこかで観測したと考えられる。彼はそこでノーモンを立てて正確に太陽高度を測定しただろう。それから（夏至でなかったとしても）夏至のときの長さが分かっているので、その日の太陽高度を計算し、故郷マッサリアから三千八百スタディア北であることを知っただろう。計算できないのはどのくらい西にいるかであった。ピュテアスが上陸した可能性のある場所をどうしても特定したいという気持ちになる。土地の小舟を使ったとすれば、日常使われている船着き場に到着するだろう。鉄器時代にこの地方で港として知られていたのはレゲール川河口のルヨーデであり、計算で出た緯度に非常に近い。だが、ここは鉄器時代には確かに重要だったのだが、ピュテアスの上陸地点だと決めつけるのはどうだろう。言えることは、ルヨーデは彼が旅をしたのとほぼ同じ年代で人が暮らす港だったということだ。

ルヨーデはとりわけ美しい場所である。大理石の岬から海にそそぐレゲール川の河口が見下ろせる。南西側の狭く長い入江は、外海へ続く安全な船の避難場所にぴったりである一方、岬の片側の、川が湾曲したところは陸近くまでかなり水深がある。この岬は紀元前九〇〇年～前八〇〇年頃の青銅器時代末頃から絶えず使われてきた。この時代に初めて防備が固められ、紀元前一〇

＊　黄道とは、地球から見て太陽を中心に運行するように見える天球（観測者（自分）を中心として惑星や恒星がそこに貼り付いているかのように見える仮想的な球面）上の大団円のこと。黄道は天の赤道（地球の赤道面を天球にまで延長し天球と交わってできる大円）に対して二三・四度傾き、この角度を黄道傾斜角という。

〇年頃、そして、カエサルがこの地方を征服する前にも大がかりな工事があった。広さといい、大きな要塞といい、この岬の重要性を伝えるに十分である。住民にとって海と海上交易を守ることは非常に重要だったと考えられる。発掘調査で発見された陶器からそれが分かる。修復が終わった膨大な数の破片の中にはイギリス南西部、おそらくデボン州でつくられた器と分かるものが混じっている。破片はとりたてて美しくも何ともないが、紀元前二世紀から前一世紀にかけてアルモリカとイギリス南西部が海峡を挟んでじかに交易していたことを物語っている。壺それ自体は交易の対象ではなく、容器として使われたらしい。対象は中に入っていたものである。数多い商品の中に何かのご馳走が荷物として大西洋にある二つの半島の間を運ばれた。

ピュテアスがトレゴールを訪れた当時、ルヨーデは交易が盛んだったので、彼はアシャント(ウェサン島)かその周辺から地元の船でアルモリカ北岸を航行し、ルヨーデのどこかの港へ入ったかも知れない。また、ピュテアスは岬で観測を行い、その後海峡を渡ってブリテン島へ行くために船の交渉をした可能性もある。もちろん、これは想像の域を出ず、また、厳格な考古学者はそんな空想はしない……それでも、よく晴れた夏の日の午後、ルヨーデの断崖に立って小舟の往来を眺めていると、はるか下の細長い湾を見下ろさずにはいられない。

ピュテアスがどのくらいアルモリカに滞在したかは分からない。ごく短期間かもしれないし、しばし滞在して蛮族の土地を探検したかもしれない。沿岸や河口付近には住民が多く、農地が森林や荒れた台地に姿を変える内陸部では住民が少ないことに気づいただろう。鉄器時代のブルターニュ半島の集落については最近までほとんど分からなかったが、近年の航空写真から現在の農地の下に小さい卵形や長方形の昔の囲い地の塊と周辺の畑があることが判明した。モルビアン県のように計画的に測量が行われている場所では、集落と集落の間隔は一キロと離れていない。当然ながら、発掘してみなければ鉄器時代のものか、また、全てが同時代かどうかも分からない。しかし、すでに発掘された事実から、鉄器時代に人口が増えたことが指摘される。また、集落は一度根付くと長くそこにあったことも分かっている。

囲い地の中には、家族や一族の家屋のほかに穀物庫、干し草置場、牛小屋、そして堆肥があった。半島はおおむね粗い酸性土壌で、穀物の生産性を高めるには施肥が必要だった。海岸のそばまで打ち上げられる海藻や大量の貝殻を土に撒いて土壌を中和した。それは家庭のゴミから分かる。陶器の破片、海藻の根に付着していた丸い小石、砕けた貝殻の破片などから古代の耕作法が見えてくる。家屋の形態は様々だが、一般的には、やや方形の木造で、壁は（モルタルなどを使わない）空積みの低い壁で、屋根は地面にとどくほどの草葺き屋根だった。

最近二十年間の航空写真と道路建設前に行われる発掘調査のおかげで、ブルターニュ半島の鉄器時代の住居の様子は格段にはっきりした。それ以前に唯一知られていた特色は〈地下室〉であり、花崗岩質の砂の下に掘られ、短い一、二本の柱で支えた通路から地表に出入りするものだ。一九五〇年代から六〇年代にかけてブルターニュ地方の農民がトラクターで大規模に耕作を始めたことにより、それまでにないトラクターの重さで土地が崩れたことから数百もの地下室が発見された。地下室の構造は不可解である。隠れたり、逃げ込んだりする場所ではないかと考えられたが、どうもそのように見えないし、穀物の貯蔵庫ではないかと考えられる。しかし、地上に立派な倉庫があるのに、なぜ地下に穀物を貯蔵するのだろう。侵略に備える場合もあるかも知れないが、それだけではないはずだ。アルモリカの農民は宗教的理由から穀物を地下に置いたのではないか。収穫から種まきまで地下に住まう神々が種を守り、生産力を維持してくれるものと信じていたのではないか。イギリス南部でもこの時期に種を大きな穴に貯蔵し、地元社会にはこれに近い信仰がある。穀物が刈り取られた後は、一般に神々に供物が捧げられた。それについて数多くの証拠がある。地下の神々に対する信仰は、その当時のヨーロッパに広く見られる。

ピュテアスがアルモリカに上陸して探検したとき、地下室の存在に気づかなかったとしても、別の形をとった信仰、すなわち、辺地に数多く散らばっている石碑や石柱は見逃さなかっただろう。高さが数メートルのものや、高さのない半球形のものもある。柱状、四角、表面に彫り込みを入れるなど趣向を凝らしたつくりがほとんどだ。縦に溝が入った柱や装飾が施された柱もある。総じて、文化的にその土地と切り離せないほどの力が現れている。墓地に関係する石碑も多少はあるだろうが、大半は考古学的にも意味が分かっていない。聖所だったかも知れないし、境界だったかも知れない。あるいは、所有地の目印だったかも知れない。どんな意味があるにせよ、アルモリカの社会は一生懸命にこういう石柱や石碑をつくった。十六世紀に彼らの後裔が競うように工夫を凝らして教会を建てたように、素晴らしい石碑を建てようと競い合ったのかも知れない。

装飾を施した石柱は、ブルターニュ半島の南西端にあるペンマルク岬にほぼ集中していた。装飾はふつう石碑の頭部か最下部の二箇所に集中し、あいだの柱の部分には縦の溝が彫られている。頭部にギリシャ風の縞模様と流れる渦巻のある高い石柱は、ギリシャの神殿の柱と不思議なほどよく似ている。想像をたくましくすれば、こう言えるかもしれない。ギリシャ人の旅人がペンマルク岬にやって来て神殿を建てた。旅人はおそらく木で建てて、自分の神を祀ったのだろう。住民はこれに大きな影響を受け、木の柱に真似た石柱をつくったのである。そういう仮説上の出来事が起こった時期は、装飾模様によって限定される。様式に基づいて推定すると、ほぼ紀元前五世紀のものである。ピュテアスよりも一世紀以上前だ。このたくましい想像に強く引かれはするが、装飾ある石碑は紀元前六世紀から前五世紀にアルモリカがヨーロッパの中・西部から受けた影響にあると考えるほうがもっともらしい。

＊

既述のとおり、紀元前五世紀にマルヌ〔フランス北東部〕やモーゼル〔フランス北東部からドイツ西部にかけて〕、そして、小規模だがボヘミア〔チェコ西部〕などヨーロッパの中・西部の首長・貴族集団には著しい文化的発展期があった。地中海世界、とくにエトルリア人との間で贅沢品の交易が行われ、族長たちの部屋には文化的な職人が特徴のある芸術様式を編み出していた。今日、ケルト文化とかラ・テーヌ文化といわれるものである。これを維持するために、首長・貴族集団は、北部や西部の生産者と地中海の消費者をつなぐ仲介者として働くなどして、原料の流れを支配する必要があっただろう。

ロアール川流域は、この時代、交易路だった。東西の動きはブールジュ〔フランス中部〕に集まる力に支配され、近隣の首長・貴族は異国風の青銅器や地中海から運ばれた陶器とともに埋葬された。ブールジュはロアール川支流のシェール川の上流と結ぶ陸路上にあり、このルートは効率よくローヌ地方、従って、地中海へ出られる。地中海世界から届く青銅の桶や水盤は、現存していない耐久性の乏しい商品とともにさらに交換されて西へ流れ、アルモリカ南部の族長の手に届いた。偶然に発見された数少ない品々から、アルモリカでは、入ってくる異郷の商品とその土地の何が交換されたかを暗示している——錫と金である。これらの交易を通じて地中海世界に共通する新しい装飾模様が大西洋沿岸の社会でも知られるようになった。

マルヌの族長たちは、強大になるにつれて、アルモリカとの繋がりを強めた。従来のロアール川ルートやセーヌ川を使って、または、海路アルモリカへやって来た。紀元前四世紀後半にはマルヌの工房で作られたラ・テーヌの精巧な金属細工がアルモリカに入ってくるようになり、陶器職人は生き生きとした曲線の斬新さにうたれ、熱心にこれを真似て装飾を施した優雅な器をつくり始めた。発掘されたこれら陶器の破片を通してアルモリカと変化の著しいマルヌの中心部や周辺部をつなぐ接点の網の目が少しずつ分かり始めている。

＊

ラ・テーヌの芸術様式がアルモリカに伝わり陶工たちが見事な作品を生んでいったこの時期にピュテアスは半島を訪れた。もし彼が陶器を見ていたら蛮族の芸術をどう思ったかは想像するしかない。エトルリア人の模様に似ていると思っただろうが、模様は土地の職人に解釈し直され、まったく別のものになっていた。

彼がアルモリカに到着した頃、土地の部族がどのような社会構造をもっていたかはほとんど分かっていない。ピュテアスは、最西端の部族はオスティミオイと呼ばれていると言っており、一般にオシスミー族のことであって、紀元前五六年ユリウス・カエサルが使った呼び名である。カエサルは現在のモルビアン県の南岸に居住していたウェネティー族と現在のコート＝ダルモール県にあたる北岸にいたコリオソリーテース族について述べている。広範囲にまたがるこれらの部族はピュテアスの時代にも存在していたはずだが、部族の名前が出てこないということは、ピュテアスはおそらく最西端にいる部族としか接触しなかったのかも知れないことを示唆している。カエサルはとくにウェネティー族に感銘を受けた。カエサルによれば、ウェネティー族は紀元前一世紀に海運を支配していたという。キブローン湾やその西にある河川の河口を支配して海運に最適な条件に恵まれていたのだろう。ジロンド川を通る舟やロアール川を経由する交通路にとってウェネティー族の港は天然の寄航港であり、ここから半島をめぐり西への困難な航路が始まる。ジロンド川でピュテアスを乗せた船はアシャント（ウェサン島）へ向かう途中ここに停泊した。地理的条件に恵まれたモルビアン県の沿岸は、先史時代を通じて地域間の交易の中心であり、新石器時代や青銅器時代初期における顕著な地位は有名なカルナックの巨石記念物に示されている。

　ここの沿岸住民が鉄器時代にすでに船を造り、船乗りを経験していたことは確かであって、カエサルをあれほど感心させたウェネティー族の船は、ピュテアスの時代やその数百年前からちっとも変わっていなかったはずである。キブローン湾でウェネティー族とローマ軍が戦った有名な海戦で、カエサルがアルモリカの船について語ったことは土地の船の威力を生々しく伝えている。

　ウェネティー族の船は次のように造られ装備されていた。竜骨がローマ人の船より平たいので浅瀬や干潮にも適応し、船首と船尾が高くて大波や暴風にも堪え、全部が樫で造られていてどんな暴力や無理に会っても切り抜けられるようにできていた……横木は幅一ペス〔足の踵からつま先までの長さで、約三十センチ。英語のfoot〕の木材であるが、親指大の鉄釘で取りつけられ、錨は綱でなく鉄の鎖に結ばれていた。獣の皮あるいは薄くなめした皮が帆の代わりにされていたが、（それは）亜麻に不足していたためか、麻の使用を知らなかったためか、それとも——一層ほんとうに近い——麻の帆では大洋の強い暴風や突風の衝撃十分に支えきれないし、また重

い船を動かすこともできないと考えたためであろう。(『ガリア戦記』近山金次訳、岩波文庫、一〇九頁)

カエサルはウェネティー族の船が土地の気象条件にあっているとも述べている。敵船は暴風にも堪え、浅瀬でも安全に停止でき、干潮でも石や岩を恐れる必要がなかった。アルモリカの船はその断片さえ発見されていないが、カエサルの描写に非常に近くローマ時代のものとされる船がガーンジー島(イギリス海峡にある島)やテームズ川で再現されたことで、造船技術が長い生命をもつことが分かる。

ピュテアスはこういう頑丈な船でアルモリカ周辺を移動し、ルヨーデに近い北部沿岸の港を発ってブリテンへ向かったのだろう。

どういう手段をとったのだろう。自分の意思をどう伝え、船の料金はどう支払ったのか。言語はさほど障害にはならなかっただろう。ピュテアスがケルト語の基礎さえ理解していれば、諸方言に通じている地元民が手配してくれたはずだ。支払いは現代とは少しちがう。船に乗せてもらう礼として彼は贈り物をしただろう。何を贈ったのか。長旅であることを考慮すれば、持参した物は高価で嵩張らないものだっただろう。金貨でも銀貨でもいいが、上等の衣服、色ガラス、珍しい顔料、香水なども歓迎されただろう。贈り物に使われたものが考古学的な記録に残る可能性はまずないが、仮にあったとしても、ピュテアスに結びつく可能性はないだろう。アシャントから僅か三十キロのフィニステレ岬の北西の角にあるランポールプルーダルメゾーで、紀元前三二二年〜前三一五年までにギリシャのキュレネーで鋳造された金貨が発見されたことはよくこれと合致する。発見された硬貨らしきものは、海藻の根に付着した状態で浜辺に打ち上げられていた。ピュテアスが持ってきた硬貨だろうか。分かるはずもないが、そう思いたくなる。

第四章　錫の魅惑

アルモリカ北岸からブリテンへの旅、距離にして約九十五海里〔百七十六キロ〕は二十四時間で到達できたかもしれない。イギリス海峡のスタート岬〔デボン州南端〕とランズ・エンド岬〔コーンウォール州南西端〕の間には安全で便利な上陸地点が多い。太古の昔に海面が徐々に上昇し、河川の下流地域が水没して海が陸地を深く浸食し、海岸線はぎざぎざになっている。よく似た風景はイベリア半島北西のガリシアの海岸一帯にも見られ、〈リアス〉式海岸と呼ばれている。今日では、世界中どこでも同じような海岸をそう呼んでいる。

ピュテアスがイギリス本土のどこへ上陸しても、まずランズ・エンド半島を目指しただろう。ランズ・エンドが錫の一大産地であり、そのことをアルモリカの住民から聞いていたはずである。マッサリアにいたころも、ブリテンと錫のことがそれとなく耳に入っていたはずである。今こそ自ら源泉を確かめる時だった——ギリシャ人では初めてのことだった。

古代社会には、ヨーロッパの大西洋岸からはるか遠くにカシテリデスという錫の島があるという種々の噂があった。ヘロドトスも知っていたが、その噂にはかなり慎重だった。他の学者たちはそうでもなかった。一世紀始め、ギリシャ人地理学者ストラボンは、イベリア半島北部のアルタブリ族の土地に近い海に十の島々が集まっていると主張した。大陸から島々まではブリテンよりも距離がある。一つの島は無人、それ以外の島々には人が住み、くるぶしまである長いチュニカに黒マントを着、胸に帯を巻き、杖をついて歩く。ギリシャの復讐の女神のようだと言った。遊牧民ながら錫と鉛の鉱山をもち、獣皮や陶器、塩、青銅器などと交換していた。

ストラボンは、カシテリデスはイベリア半島の北岸にあると信じていたようだが、彼の地理学は控え目に言っても矛盾があり、やや後のプリニウスは、ガリシアから西に六十マイル〔約九十六キロ〕に島々があると述べたのでさらに混乱した。二説とも旅人の話に誇張や誤り、いい加減な主張をつけ加えて繰り返していたにすぎなかった。その上ストラボンは次のように詳しい話を付け足している。昔、ガデス（ローマ人の呼称）のフェニキア人は交易を独占していた。ある時ローマ人が交易路を発見しようとフェニキア商船の後をつけた。船長はわざと「航路を外れて浅瀬に入った。ローマ人を浅瀬におびき寄せて船をだめにしてから、船長は船の残骸に乗って逃れ、ガディルから失った積荷の代価を受け取った」。

これらの逸話の断片を寄せ集めると、ガリシアの錫の産地と隣接する島々のことを伝えているらしく、既述のとおり、これらの島々はマッサリア人の周航を利用する商人たちの最終目的地だったのだろう。そこにはイベリア半島からビスケー湾を横断してアルモリカ沖の島々、あるい

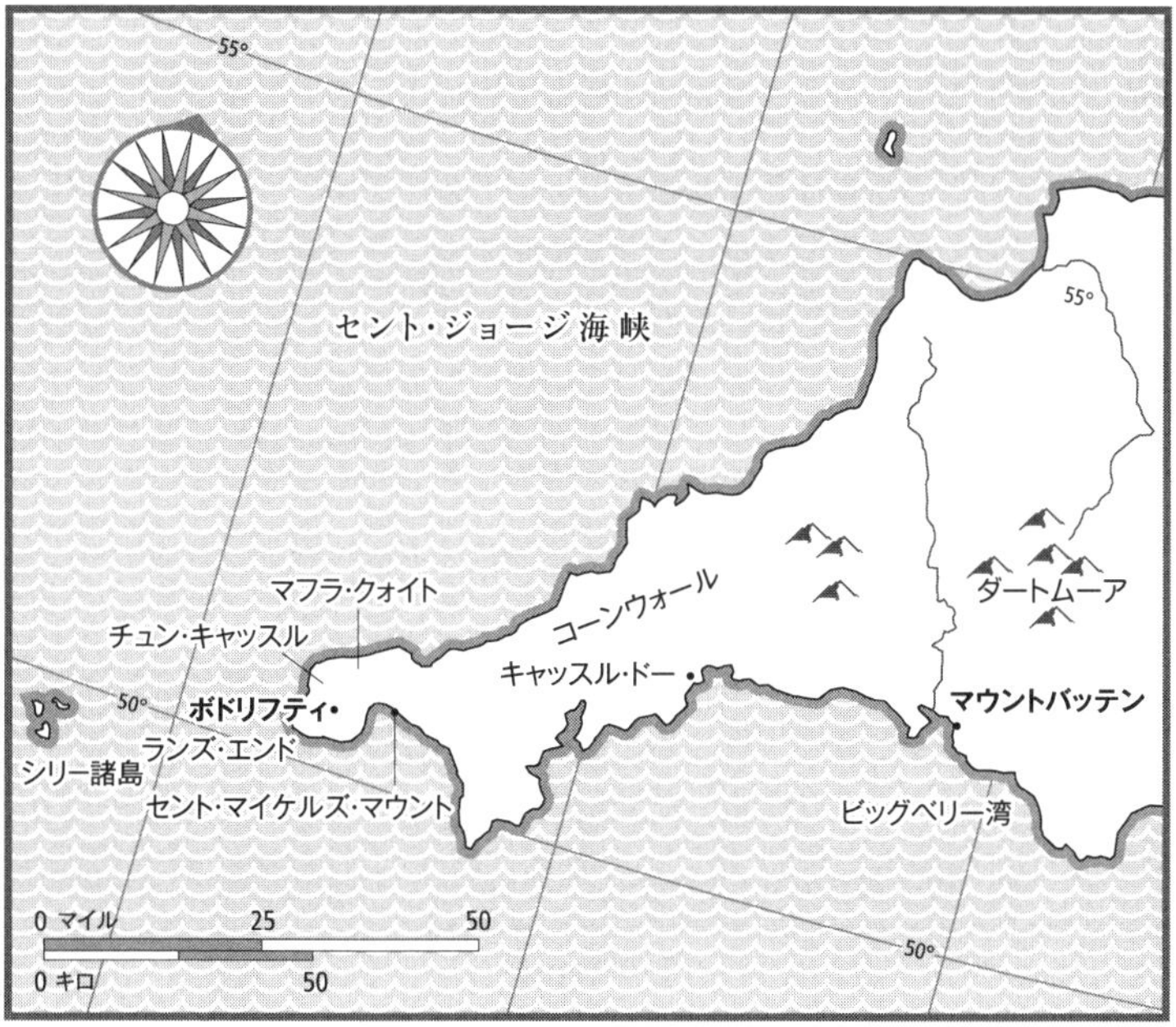

は、一部にシリー諸島やブリテンの南西部へ至る北への遠洋航海があったという言い伝えが混在していると言えなくもない。十九世紀には、コーンウォールはフェニキア商人であふれていたとする説が起こり、今でも繰り返されるのだが、そういう説を始め空想の根拠となるものは資料にも（考古学にも）一切ないということは言える。

イギリスの錫を発掘して輸出するという話は古代の二つの文献にある。一つは一世紀末に書かれた『博物誌』の中で大プリニウスが述べているやや支離滅裂な話である。プリニウスはギリシャ人歴史家タウロメニオンのティマイオス（紀元前三五六～前二七〇頃）から取ったとしているが、ティマイオスに関しては、大西洋についての諸々の記述はピュテアスから取ったことがよく知られている。プリニウスの引用にはピュテアスから取ったという断り書きはないが、ピュテアスが基礎になっていることは間違いないだろう。二つめの文献はディオドロス・シクルスである。この人はユリウス・カエサルやアウグストゥスと同時代の歴史家で『歴史叢書』と題する大作を著し、主要部分は現存している。ディオドロスは過去の文献に依存するところが多く、ティマイオスに拠っていることが分かっている。彼はどこにもピュテアスと断っていないが、表現に類似点がひじょうに多く、大西洋に関する事柄については、主な資料はティマイオスの書いたものを通じてピュテアスから取っているだろうことが分かる。別の言い方をすれば、ピュテアスの探検記は書かれてから三十年、四十年後にティマイオスに資料として広範に使用され、およそ三百年後にディオドロスやプリニウスによって、時にはクレジットが付され、また時には付されずに引用されたということだ。多少の不正確さが入り込んでも不思議ではない。ディオドロスが述べていることは参考になるので全文を引用する。

岬に住むブリテンの住民はベレリオンと呼ばれ、余所者にもひじょうに友好的で交易に携わる者たちと接触があるので、文化的な暮らしを身につけていた。錫を採掘するのはこの人たちで、錫を含む層から巧みに取り出す。岩石質の層には土の層もあり、そこから鉱石を切り出し、溶かして不純物を取り除く。取り出された錫は指関節大の塊にされ、ブリテン沖にあるイクティスという島に運ばれる。干潮のとき、この島と本土はつながって大量の錫が荷車で島に運ばれる（ヨーロッパとブリテンの間にある島々の場合には特異な現象が起こる。満潮のとき島々と本土をつなぐ通路は海中に沈んで島のようになるが、干潮時には潮が引いて広い土地が顔を出し、半島のように見える）。イクティス島で商人は土着民から錫を買い、ガラテア海峡（イギリス海峡）を渡り、およそ三十日間徒歩でガリアを抜け、馬上の荷はローヌ川河口に到着する。（『歴史叢書』五・二・四）

プリニウスの記述はもっと短く、謎めいている。

歴史家ティマイオスによれば、ブリテンから中心へ向かって六日の航海のところにミクティスという島があり、錫が採れる。ブリトン人は小枝で編んだ骨組みに獣皮を張った舟でその島へ渡る。（『博物誌』四・一〇四）

ディオドロスの記述は明らかに注意深い観察から得られたもので、潮の干満に魅了されたところはピュテアスとの繋がりが濃厚であり、ピュテアスは何度も潮の干満について述べていることが知られている。ベレリオン岬とはランズ・エンドのペンウイズ半島のことにまず間違いない。二世紀以降のプトレマイオス〔アレキサンドリアの数学者、天文・占星学者、地理学者で『アルマゲスト』の著者〕は、ランズ・エンドを「ボレリウム（Bolerium）」と別名で呼んでいる。この名前はケルトの神格ベレヌス（ギリシア神話のアポロに相当）の語源から来ており、明るく輝くものという意味がある。たぶん崖が太陽を反射して輝いていたか、船乗りの道案内として岬に合図の火が明るくともされていたのだろう。

これに続く話には一貫性がある――住民は商人に友好的なこと、錫の抽出法、イクティスに交易港があること、錫をガリアから地中海地域へ搬送したこと。もしこれがピュテアスの原文の正確な翻訳であれば、彼の観察力の確かさを示している。

プリニウスの数行にはさらに問題がある。ミクティスがイクティスならば「ブリテンから中心へ向かって六日の航海」とは何の意味だろう。また「錫が採れる地」という言葉は一般的にブリテンを指すのか、その島を指すのだろうか。もっとも妥当な解釈の一つは、ブリトン人は獣皮を張った舟で錫をブリテンから〈中心へ向かって〉、すなわち、地中海の方向へ六日の航海で着く島に運んだ。この解釈ではミクティスはフランスのロアール川とジロンド川の間の大西洋沿岸のどこかになる。あるいは、ディオドロスが述べているのと同じでミクティス＝イクティスであり、六日間という距離の誤りはどこか別の場所であって、誤って手が加えられたのかもしれない。こういう不正確さがあるために過去二百年間学界の論争が絶えなかった。学者たちは何世代にもわたって熱心に議論をたたかわせてきた。プリニウスの文章は確かに解釈を誤りやすい。

ディオドロスはイクティス島について明快に言い切っている。島はイギリスの沖合にあって干潮になれば荷車で錫を運べる。異国からここへ物々交換にやって来る。この記述から、イクティス島は世界的な交易地の典型だったらしいことが分かる。島や岬は治外法権として交易関係者の意見が一致しやすい場所だった。ここへやって来る人間は誰でも政治的規制や嫌がらせを受けることもなく安全に商売ができたのだろう。ガディルも昔からの交易港だったし、モロッコ沖のモガドール島もフェニキア人がアフリカとの交易で利用していた。昔から、決まった時期になると、これらの交易地には必ず商売相手がいると信じる人たちが遠方から集まってきた。

ところで、イクティスとはどこだったのか。この議論は盛んで、西のシリー諸島からケント州のサネット島まで諸説ある。もっとも支持されている説は、ペンウイズ半島沖のマウント湾にあるセント・マイケルズ・マウント〔島〕だ。地理的にはディオドロスの記述と一致し、満潮のとき本土から切り離され、錫がもっとも豊富なイギリス南西部に近くて便利である。海上に大勢の商人が集まって来る光景が見渡せる。イギリス近海に不案内な船乗りには好都合だっただろう。この島には考古学上の証拠が何一つないことが唯一反論の根拠になっているが、今まで発見されていないということは必ずしも無いということにはならない。

もう一箇所、プリマス・サウンド〔プリマスの主要停泊地〕のマウントバッテンの可能性もある。残念ながら現在ここは採石のために狭くなり、高い岩山が細長い土地で本土とつながっている。満潮のとき島になったことを裏付ける証拠はないが、本土とつながる細長い地面は近代になって補強されたもので、以前は波をかぶったという記録がある。二千三百年前は満潮になると切り離されたかもしれない。マウントバッテンは交易港としての条件に恵まれている。ここはプリマス・サウンドの先端で荒波から守られた場所であり、両岸、とくに入江のキャットウォーターから北には安全な停泊地がある。ダートムアの西端にある錫の大産地へはテイマー川を通って楽に行ける。

マウントバッテン有力説には、紀元前一千年を通じて長くここで活発な活動があり、その堆積物が岩陰に約一メートルの厚さに堆積しているという文句なしの考古学上の証拠がある。堆積層からは紀元前九世紀〜前七世紀にかけての青銅器時代後期のものも見つかっている。銅の塊や、紀元前六世紀〜前二世紀の鉄器時代に特徴的な遺物、特にピン、大陸型の飾りの付いたブレスレット、多数の留め針（安全ピン型ブローチ）などだ。二種類の留め針はイギリスでは非常にまれだが、フランス南西部アクィタニアではよく見られるものである。こういう品々や陶器の堆積はすばらしく、マウントバッテンでは昔、とくに紀元前九〇〇年〜前一〇〇年頃、世界中のいろいろな細工品が手に入り、多くの人々が訪れた。交易港では考古学上の遺物のような品々が見られただろう。それでは、マウントバッテンがイクティスだろうか。地形上も、年代的にも、また考古学的にもほぼ肯定されるが、証拠は何一つない。考古学の悩ましいところだ。

二年間ここで発掘に従事した私はマウントバッテンに傾いているが、積極的にここだといえる証拠はまだない。マウントバッテンはピュテアスの時代の主要交易港で、周辺地域や外国との物々交換の中心だった。ここまではっきりしており、長い繁栄のある時期にアルモリカの北岸からやって来る船が最初に寄港する場所だったことにほぼ間違いない。その時代には、ダートムアの端から錫と銅、金などの荷を積んだ馬がとぼとぼ歩いて行っただろうし、ペンウイズ半島から来る獣皮の舟は、毎年決まって訪れるアルモリカの商人に備えて数も増えていっただろう。

マウントバッテンは、沿岸伝いに大小さまざまある似通った定期市の一つだったと考えられる。取引される物品や財は交易の頻度や形態が変わるとともに変化した。そういう流動的条件の下でイクティスを特定するのはなかなか難しい。

ディオドロスには、イギリス産の錫をガリア経由で輸送したという記述が二カ所ある。これらの箇所では、商人は錫を馬に積み替えてガリアに入り、ローヌ川河口に運んだとなっており、三十日の旅である。後の章には、錫はマッサリア人の土地とナルボ（ナルボンヌ）に運ばれたと記されている。二ルートがあったことを示唆するもので、一つはロアール川を上って陸路ローヌ川流域に達し、そこからマッサリアへ出る。もう一つのルートはジロンド川からガロンヌ川、オード川伝いにナルボへ達する。いずれの場合も、錫はイギリス海峡を横断し、アルモリカ周辺を通って、あるいは横断して、河口へ運ばれたのだろう。この辺りの輸送はアルモリカの住民が担うだろうが、プリニウスの著書にはブリトン人は積荷を獣皮の舟でガリア西部に運んだとある。あり得ないことではない。輸送方法はいろいろあっただろう。たとえば、すべての積荷が海路アルモリカ近辺に運ばれたと考える必要はない。マウントバッテンを出た船は、ルヨーデのようなアルモリカ北部の港に荷を降ろしたいと思ったかも知れない。そういう場合は、錫はアルモリカ半島のレゲール川やブラヴェ川流域の集落を通って南のロリアン辺りに出てから、次に地元の船で運ばれる。約百四十キロの陸路の旅であれば、その三倍も距離のあるフィニステール沿岸をまわる危険な航海をしなくてすんだだろう。ピュテアスは何度も耳にしてきた錫の採取の現場に辿り着いたとき、さぞ胸を躍らせただろう。ディオドロスの著書がピュテアスの記述に基づいているならば、彼が錫の製造工程に特別の関心を持ち、錫の鉱石はどのようにできるのかを考えたであろうことを示唆している。

*

およそ二億八千万年前、地球の深部の溶岩がデボン紀や石炭紀に形成された粘土層や粘板岩層の上へ押し上げられ、全長二百キロもある巨大な大岩体《バソリス》ができ、冷えて結晶化して花崗岩になった。場所によって噴出した溶岩は高く吹き上げられて固まった。地表から突き出た溶岩は長い間の浸食作用でダートムア、ボドミンムア、セントオーステル、カルンマナリス、ランズ・エンド、シリーなどお馴染みの花崗岩台地ができた。バソリスの背骨にできた瘤《こぶ》である。

溶けた噴出物は沈積でたまった岩石を変成させ、周囲に接触変成体ができた。花崗岩の表面が冷えるにつれて熱で歪んだ周囲の層が割れて亀裂ができ、亀裂から鉱物を多量に含む熱い液体が流れ込み、冷えて結晶化した鉱脈が網の目のようにできた。温度と圧力が下がるにつれて鉱物は次々に結晶になった。最初に固まったのは錫とタングステン、次ぎに銅、最後に鉛と亜鉛だった。

ということは、錫の鉱床はふつう花崗岩の中やその近辺で見つかり、遅く冷える金属類はだんだんに離れたところで見つかるということだが、実際にはそれほど単純ではない。鉱化作用〔鉱床を生成する地質現象〕をへて古い鉱脈が再び割れて異なる金属が入り込むなどの変成があるからだ。鉱化作用は均等には広がらなかった。花崗岩の塊の周囲には層をなす鉱脈があることがあり、カルンマナリスムアの北部と西部、ランズ・エンド花崗岩の西端にはそれが多く見られた。ダートムアの西側にもかなりの鉱床があった。

錫は錫石《カシテライト》（ギリシャ語の「錫の島」に由来）という安定した酸化物として砒素や銅を含む鉄分の多い硫化物とともに生じ、砒素や銅は錫よりも不安定で酸化が早く、また、溶けた流れの中を移動する塩分のせいで鉱脈に鉄分の多いキャッピング〔表土。鉱脈を覆っている不用の土や岩石〕ができ、錫の採掘では鉱脈を切り離さなければならなかった。コーンウォールの鉱夫はこれを「鉄の帽子」と呼んでいた。

花崗岩が数百万年の間絶えず浸食を受け、表面を覆う変成岩がすり減って露出したものが今日のムア〔泥炭質で通例ヒースが茂った水はけの悪い荒れ地〕である。その間、露出した鉱脈の表面が周囲の花崗岩とともに剥がれ落ち、破片は近くの流域に運ばれた。錫石はひじょうに重く、軽い鉱物——石英と長石、雲母——は流され、重い錫石が基底岩の表面に積もって、昔の鉱夫が「錫の鉱床」と呼ぶものができた。この状態が進行していたのは氷河期の始めで、この地方は森林が広がる前のツンドラの状態だった。その後一千年ほど気温が上昇し、錫の多い砂礫岩の上に分厚い堆積物の層ができた。

先史時代には露出した鉱脈を切り出すか、掘り出すか、小さい鉱石を集めるかして錫石を取ったと考えられる。錫石は重いので簡単に見分けがつく。崖下の急流の岸に露出する堆積物に「錫の鉱床」がある。岩の下には錫石の小石が集中している。表面にあることが分かったら場所が特定でき、露出した場所にトンネルを掘るか、錫が埋まっている層まで土を掘っていけば、大量の鉱石が取り出せる。ディオドロスの記述では、初期の採掘は層を掘り出す方法によく似ている。「錫の鉱床」に到達したら、砂と粗粒砂岩、小石は軽いので急流に流され、重い鉱石だけが残る。十九世紀に経験豊かな「洗鉱夫」たちは水流の中で幅広のシャベルを使って錫石を選り分けたそうだ。シャベル選鉱という。そうして集められた鉱石は大量だっただろう。

その際に金――錫とほぼ同温で液体を冷却・分離して取り出される――の粒が露出したかもしれない。錫が不安定なのに対し、金は酸化せず状態が変わらない。金はふつうピンの頭ほどの小さい粒でごく少量見つかった。十九世紀に錫鉱夫は羽根の柄の端を切って栓をしたものを使って金の粒を集めたそうだ。自由に集めてもよいことになっていたが、予め金が見つかりそうな場合には、鉱夫は通常よりも安い労賃で働くことが条件だった。金を拾い集めてもふつうは大した利益にはならないが、ごくまれに幸運に恵まれて大きい金の粒を見つけることもあった。トルロ博物館〔トルロはコーンウォール州の州都〕には一八〇八年に発見された五十九グラムもある金塊が展示されている。

十分な量の錫石が溜まったら、粉々に砕かれ、川の水で軽い鉱物が洗い流された。洗い流されるのは主に比重二・五の石英で、比重五・四の重い錫石が残る。それに炭を混ぜて簡単な溶鉱炉に入れた。錫石（SnO_2）を錫に製錬するには摂氏一〇〇〇度に熱しなければならないが、それには鞴《ふいご》が使われた。製錬が終わると小さい球状の錫を集め、それを叩いてディオドロスが述べているように指関節ほどの大きさに固めたか、坩堝《るつぼ》で溶かし（摂氏二三二度で溶解）鋳型に流し込んで小さいパンのような塊にした。

ピュテアスの時代にイギリス南西部で錫を製錬していた証拠は発見されていないが、作業は繰り返し行われ、後世とくに十六世紀から十九世紀にかけて少しでも商品価値のあるものが徹底的に絞り出されたことを考えると不思議ではない。

大がかりな集中作業が行われたこの段階になると、初期の作業工程は破壊されてしまっただろう。現在残っているのは、古代製法に興味をもったここ二、三世紀の鉱夫や洗鉱夫たちのおかげで救われた少数の古代遺物の中にある。それらは昔の採鉱がどうだったかを微かに伝えるものでしかない。多くは失われて稀にしか記録に残っていない――それでも、過去の遺物は古代の採鉱がどうであり、いつ頃まで続いたかを知るための貴重な資料である。

形が判明しやすいものでは、各種の青銅器や紀元前二千年紀の素朴な青銅製の平斧や長剣などの武器に加え、青銅器時代後期の接合部がある槍や斧などがあり、紀元前七世紀まで使われていた。十八世紀末には、コーンウォール州ロクソルヤンのブロードウォーターの作業場でつくられた青銅の大釜が発見され、一七九五年七月付『ザ・ジェントルマンズ・マガジン』〔一七三一年創刊、一八〇八年廃刊〕に記録されていた。その説明によれば、大釜は一七九二年三月二十八日に「約二十八フィート〔八メートル〕の地下で口を上に砂利が詰まった状態で発見された」そうだ。記事の執筆者は、大釜がフェニキアのものか、ローマのものか、年代を推定した。この大釜は、現在は失われてしまったが、記事に添えられた精密な挿絵から、紀元前九世紀から前七世紀にかけての青銅器時代後期のものであり、イベリア半島からスコットランドにかけての大西洋海路で広く発見される型だった。この種の大釜は神への供物だった。ブロードウォーターの青銅器時代の洗鉱夫たちは、鉱物が豊富に埋蔵される場所が見つかるように、もっと良い場所に当たるようにと願って土地神に捧げる供物をつくったのだろう。

古い錫製品の中でも青銅器時代の発見はわりによくあるが、鉄器時代の発見は珍しい。近代の鉱夫は鉄器や鉄製の武器より、ひと味ちがう青銅のほうに引かれたようだ。鉄器時代のものは数多く発見されて簡単に捨てられたらしい。しかし、稀に見る貴重な発見が一つある。オックスフォードのアシュモリアン博物館に保管されている青銅のブローチで、次のようなメモがある。

コーンウォール州セントオーステルに近いレドモアの六フィート〔百八十センチ〕の泥炭と二十インチ〔五十センチ〕の川の砂礫層の下で発見された。砂の下には二・五フィート〔七十五センチ〕程度の泥炭があり、一部が燃料として切り出されていた。二層目の泥炭の切り端には製錬用の炉床と錫のくずの残骸があった。

ブローチは紀元前四世紀か前三世紀に特徴的な形で、ピュテアスがイギリスを訪れた時代に使われていたものかも知れない。とくに興味深いのは、錫の製錬の証拠らしきこととの関連にある。鉄器時代後期〔紀元前一世紀から紀元後一世紀〕のものだが、鉄器時代の発見はこれ以外ほとんど残っていない。一八五一年にペンテワン盆地のウィールバージン鉱山で発見された青銅の枠が付いた木製の大ジョッキや、一八〇二年にファル川流域のトレノースで発見された装飾を施した首輪など素晴らしいものもある。大ジョッキも首輪も「錫の鉱床」を掘っていた最中に日の目を見たもので、四千年前に錫が採掘され始めたころ埋まったものではないかと考えられる。

ところで、錫鉱山は紀元前二千年紀から前一千年紀を通じて広く採掘されていたことを窺わせる証拠が数多くある。ピュテアスがこの地域を訪れた頃には、錫の採掘業はすでに長い歴史があったのだ。

ここ二、三世紀ぐらいの間に錫鉱山で掘り出された先史時代の発見物の長いリストを眺めて気がつくのは、その数の多さと質の高さである。これらの貴重な品々は、本当に紛失したり、捨てられたりしたものなのかという疑問が当然に湧いてくる。そうは思えない。大部分は地下の世界に棲む神々を鎮めるために埋められたと考えるほうが自然ではないだろうか。先史時代の社会が地下の神々を格別に崇拝していたことを示すかなりまとまった証拠がこの時代に集まっている。

これらの神々は豊かな水の恵みと穀物や家畜の健全な成育を左右すると信じられていた。与えられたものを受け取れば、それに報いて均衡と調和を保つことが大事である。鉱物も同じだ。神々のおかげで豊富な錫石を発見し採掘できたのならば、神々は返礼を期待する。その期待に背くのは神を畏れぬ大それた輩だけだ。神々への返礼と感謝の意味で、その年の鉱石集めが終わった季節の祭りに貴重な品々が埋められたのだろう。

どのように「採掘業」が生まれたのかは不明だが、専門の職人が一日中作業に従事すると考える必要はない。鉱石を集めて製錬するのはむしろ農閑期の仕事だったと考えられる。種まきが終わって家畜の放牧がすめば、他のことをやる余裕があった。海岸付近に住む人々は漁に出たかもしれない。そうでない人たちは錫石や銅の鉱石を掘りに行ったかも知れない。家畜の世話をする合間にできることだった。ブローチが発見されたレドモアの場合がそうだが、鉱石を見つけた場所で採掘するか、家に持ち帰って作業した。言い換えれば、生産はすべて基本的に家族単位か、親族を含めた家内工業だった可能性が高い。

市場での売買となるともう少し複雑な組織が必要だったろうし、一定の場所や時間が通知されていて、個々の生産者は季節ごとに品々を持ち寄って交換し、祭りを楽しんだのだろう。祭りは必ずあったと思う。イクティスもそういう場所の一つだった。市が開かれる時期にピュテアスが訪れたか、噂を聞いただけかは分からない。もしアルモリカの商人が市の開かれる時期に航海を合わせたとすれば、ピュテアスが市を訪れた可能性は大きく、彼は青空市場をぶらつき、物々交換の様子を目にしただろう。

＊

集落で錫の採掘があった証拠が数々の発掘調査から出ている。一九五四年～五六年にかけて、ダートムア南端のディーンムアで石造りの小屋がかたまって存在する場所の発掘調査が行われ、青銅器時代中期のものであることが分かった。一戸の小屋の床には錫石の小石が踏みつけられていた。近くを流れるエイボン川流域にあった洗鉱場から集められたものだろう。別の小屋からは錫の小球が見つかり、製錬の過程でできる金属「球」に特有のものとして表面に孔があいていた。これら二つの断片を合わせると、小規模であれ錫の仕事は住民の生活の一部だったことが窺える。

コーンウォール州北部沿岸のモーガンポースに近いトレビスカーの村落でも錫をつくっていた証拠が見つかった。トレビスカーの農場では、村落のあった時期が主に紀元前一七〇〇年～前一三〇〇年の青銅器時代中期と、紀元前二世紀から前一世紀と推定される鉄器時代の二つに分かれる。青銅器時代の村落からは円形の小屋が二戸発掘され、二戸とも他の部分とともに主に木材で建てられ、排水溝がついていた。全体では青銅器時代の村落から錫石の小石が二十個以上見つかったほか、錫をつくる過程でできた鉱滓《こうさい》の塊が見つかった。青銅器時代の集落は定住地だったらしく、家畜を育て、メナリール川の川上にある肥沃な台地で穀物を栽培して糧にしていたらしい。錫石はおそらく晩春から初夏にかけての農閑期に、村から二キロ近く離れた川の流域で集められたのだと考えられる。

ディーンムアもトレビスカーもピュテアスがブリテンを訪れた時代より一千年以上前の青銅器時代の集落だが、集落と農業形態はその後二千年間大きく変わらなかった。

ピュテアスがコーンウォールに到着した頃、勢いがあってよく知られている集落にボドリフティがある。ペンザンスからあまり遠くないマルフラヒルの西側斜面にあった。この集落には円形の家屋が多く（発掘調査では十戸ほど確認された）、周囲が壁で覆われた直径約百三十メートルの環状の囲い地になっている。家屋そのものは非常に小さく、幅七、八メートルの生活スペースはぶ厚い壁で囲まれ、壁の表面には花崗岩の巨礫《きょれき》が張られ、石ころや土が詰まっていた。壁は高くなく、円錐の屋根の垂木《たるき》〔屋根板を支えるため棟から桁へ渡される材木〕の末端を支えていた。屋根を覆うのは藁《わら》、葦《よし》、ヒース、または芝だった。床は土で、ところどころに敷石が置かれ、ふつう中央に炉がある。戸口は一つで幅が広く、石の敷居がある。ここは出入り口であり、外から光が入る唯一の場所でもあった。小屋はそれなりに住みやすかっただろう。

再建された家屋もあって集落はしばらく続いたらしい。丘上の囲いの外側にも家屋があり、小さい長方形の畑に散らばっている。全体的にこの村には大勢の人間が生活していたようである。同時に何戸が生活していたかは判断し難いが、一時期に丘の斜面で生活していた家族は数戸程度だっただろう。

近くにある長方形の小さな畑は村落の耕作地で小麦や大麦が栽培されていた。羊や牛、豚が飼われていたかも知れないが、酸性の強い花崗岩の土壌では動物の骨は残っていない。しかし、小穴があき、陶器か石ほどの重さで、羊毛を紡ぐのに使われる軸《スピンドル》の重りとして使われた紡錘溝車が十七個あった。光沢ある石がいくつも発見された。皮をなめすために用いられたのだろう。溝車と光沢ある石を考え合わせると、村の生活の様子が想像でき、また、各種の産物や獣皮、毛織物などを物々交換用にどれくらいつくっていたかの見当が付けやすい。

発掘調査で掘り出された陶片は少なかったが、ボドリフティの集落は紀元前五世紀から前二世紀まで長くここに存在したことが十分裏付けられた。南から奇妙な異邦人がやって来て、何の変哲もない錫の採掘作業に並々ならぬ関心を示したという知らせを聞いた世代もあっただろうと考えると面白い。その話は民話のように種々の尾鰭《おひれ》がついて息子や孫にまで語り伝えられたかも知れない。

ピュテアスがペンウイズ半島を探検していたらボドリフティのような集落を数多く見かけただろう。点在する小屋の後方には一段高い牧草地が広がり、さらに遠くに見える丘陵地には巨岩の墓石で築かれた先祖の墓地が見えただろう。「マルフラ・クォイト」、「ランニョン・クォイト」、「チュン・クォイト」は現在もそのままの姿で残っている。ピュテアスは巨石を見てアルモリカの巨石墓を思い出し、二つの半島の住民の長くて近い関係への思いが胸中をよぎっただろう。

ほかにも類似点がある。考古学者が従来から崖上城塞《クリフ・キャッスル》と呼ぶ場所がそうだ。陸地から一本ないし数本の堤防や堀割で遠ざかり海に突き出た岬がある。そういう場所は避難場所と考えられてきたが、最近になって聖所であった可能性が浮上してきた。陸地と海を分かつ境目であり、船乗りの道案内としての役目も果たしていただろう。なにしろ古代の地中海には「神聖な岬」がいっぱいあった。崖上城塞はフィニステールやコーンウォール沿岸ではよく知られた特徴である。ペンウイズ半島の海岸だけでも崖上城塞が七カ所知られているが、ピュテアスはいずれも簡単には見られなかっただろう。

ピュテアスがペンウイズ半島を一巡したとしたら、話を聞きつけて半島の中央にあるチュン・キャッスルという丘の上の砦を訪れていたかも知れない。チュン・キャッスルはただの集落ではなかった。丘の上という場所やインパクトの強い壁は、遠くからでも四方から見え、威容を誇っていた。居住区域はあまり広くなく、せいぜい直径五十五メートル程度だが、花崗岩の巨壁が六メートル間隔で二重にめぐらされ、壁の外側には溝が掘られていた。最初に十九世紀の古物研究者が書き留めたとき、内壁は元々四メートルの高さがあった。入り口は一つで、幅三メートルの門があり、近づく者は砦の壁と壁の間にある「く」の字に曲がった狭い通路を通らなければならないように造られているため実際以上に気圧される。訪問者は間違いなく威圧されて戦術的に不利な立場に置かれただろう。場所と規模、設計を加味すると圧迫されるような感覚を与えるように工夫されていた。

チュン・キャッスルについては一七六九年に地元の考古学者がその存在を伝え、一八六九年に初めて発掘調査が行われたが、調査方法はいい加減だった。一九二〇年代末になって改めて発掘が行われたが、当時の発掘技術では紀元前四世紀頃に砦が築かれてから、最後に十八世紀、または、十九世紀に便利な避難場所として利用されるまでの居住形態と内部の建物の再建の実態を十分に理解できなかった。従って、最初の砦の内部がどうだったかよく分からないが、石を積み上げただけの簡単な建物が壁に並んでいたらしく、屋根は内側の中庭のほうへ下がり、日常生活の大半はだいたい中庭で営まれていたらしい。鉄器時代と推定される層にあった建物の床下には卵形の錫の塊が発見された。だいぶ腐食が進んでいるが、縦横二十センチ×十七センチで厚みが六センチある。重さが五キロあり、かなり価値のあるものだったろう。次の市まで床下に埋めて保管され、忘れ去られたものか、村の繁栄を祈って地下の神々に捧げられたものだろう。

チュンから出土した小さめのロールパン大の錫の塊はコーンウォールのものとして知られ、ほとんどが昔の錫の作業場で発見された。形が素朴すぎて先史時代、ローマ時代、中世のいずれの時代のものであってもおかしくない。チュン・キャッスルから出土したものと、フォイに近いキャッスル・ドーの鉄器時代の砦の集落から出土した錫の塊だけが確実に鉄器時代のものと認められる。

セントオーステル湾とフォイ川の長く深い入江からほど近いキャッスル・ドーは、鉄器時代の集落であり、一九三六年から三七年にかけて発掘された。幅が約八十メートルの最大の集落は二重の堤防と溝で守られ、外側の堤防は入口で内側の堤防と分かれ、一本の廊下が内側の門まで続いている。内側には円形の丸太小屋がたくさんある。この集落は昔からずっと使われていたように見えるが、紀元前五世紀〜前一世紀まで必ずしも絶えず住民がいたのではなく、また、出土品から高位の者だったらしいことがわかる。土地の貴族一家と従者たちの住居だったのかも知れない。ここには洗練された曲線模様のある地元製の美しい陶器があり、珍しくガラス製の装飾品もずらりと並んでいて、中には腕輪が二つ、数珠玉が四個あった。ガラス製品は鉄器時代には珍しく、高価だったろう。ブリテンでもガラス製品が多少つくられていたと考えられ、ほとんどは工芸品、あるいはガラスの素材として輸出されていたのだろう。キャッスル・ドーから出土した二つの腕輪は、紀元前四世紀から前二世紀あたりに大陸からイギリス海峡を渡ってきた商人が持ち込んだものかもしれない。こういう小さい装身具は高価だが場所をとらないので、理想的な交易品であり、持ち運びが楽で需要も多いので、アルモリカの人々やピュテアスも持参したかも知れない。

船に関する確実な証拠はまだないが、一九九一年「南西海考古学グループ（the South-West Maritime Archaeological Group）」のダイバーがビッグベリー湾の海で興味深い発見をした。エルメ川が湾に流れ込む河口付近は砂洲となっていて危険である。ここの水深七〜十メートルの地点で、ダイバーが砕かれた岩や砂や海底の藻の中に錫の塊七個を発見した。一日の作業によってである。重要な発見に気づき、一年以上に及ぶ集中的な調査が実施され、四十個以上の錫の塊を発見して分布図を詳しく記録した。それによれば、錫の塊は砂洲の北面に沿って二十六メートルぐらい分布し、逆風で岩に衝突して水没した船の荷物に違いなかった。同海域では数個の古代の木片も見つかった。船の破片と考えられ、放射性炭素による年代測定で船が沈没した時代が解明されるだろう。

エルメ川はダートムアの大きな花崗岩の塊からイギリス海峡へ向かって南に流れる五本の大河川の一本であり、ビッグベリー湾はプリマス・サウンドの鉄器時代の港マウントバッテンから二十五キロ（約十六海里）しか離れていない。そこでエルメ川河口の難破船の残骸は、ダートムア周辺から近くのマウントバッテンへ錫を輸送中の船である可能性が非常に高い。アルモリカの商人はマウントバッテンで物々交換しようとしていたのかも知れないと考えられた。

放射性炭素による測定結果が出たときは意外だった。木片の年代は紀元前四千年以上前だった。錫の交易が始まる前だったのだ。結果について唯一の合理的解釈は、木材は難破船とは関係がなく、新石器時代にこの辺りにあった大昔の森林の一樹木であろう。新石器時代には海面が今よりかなり低く、海面が上昇に転じた青銅器時代に海底に沈んだのかも知れない。これら「化石の森」は沿岸にいくつかあり、干潮が大きいとき稀に見えることもある。結果はとても残念だったが、錫の塊は厳然としてある。ほとんどはロールパン型（より正確には平凸型）で、年代測定は不可能だが、形がわりにはっきりしているものが二つあった。それらは、H字型で、全長八センチ、幅二・五センチで、横棒にあたる部分は分厚い。大きさといい、形といい、距骨《きょこつ》（足首の内側の骨）にたとえるとよく分かる。ピュテアスの目に留まって記録にとどめ、数百年後ディオドロスが

「指関節大」と記述していたのはこういう小さい塊だったのだろうか。そう考えたいが、考古学上の証拠というものは絶対に確かとは言えないのである。とはいえ、デボン州とコーンウォール州沿岸周辺には鉄器時代の交易船がいくつも沈んでいるはずである——年代がはっきり分かる遺物が錫の積荷とともに完全な形で発見されるのは時間の問題だろうと思いたい。

第五章　プレタニの島

地中海から見るとイギリス諸島は限りなく遠く、謎に包まれている。このヨーロッパの果ての謎の島についてはさまざまなことが言われているが、本当にそんな島があるのかどうか、それに、人が住んでいるのかどうかについても確かな証拠はほとんどなかった。名前さえはっきりしなかった。一世紀に大プリニウスは次のように要約した。

ここから北西の方角へ海を渡ったところに、ギリシャ人や我々ローマ人が記録にとどめるブリタニア諸島があり、ゲルマニア、ガリア、ヒスパニアその他ヨーロッパの大部分から非常に遠い。ブリタニア島と呼ばれるが、本来の名前はアルビオンという……ピュテアスとイシドロスによれば、一周は四千八百七十五（ローマ）マイルである。（『博物誌』四・一〇二）

プリニウスは、次に、ブリタニア諸島を形成する島の名前と数を列挙している。オルカデス

（オークニー諸島）四十、ハエモーデス（シェトランド諸島か）七、ヘブーデス（ヘブリディーズ諸島）三十、モナ（アングルシー島）、モノピア（マン島）、リジニア（ラズリン島）、ベクティス（ワイト島）、シルムナス（シリー諸島か）……

　プリニウスの書の全容は明らかではないが、ヨーロッパ大陸から離れたところにある島々は一まとめに「ブリタニア諸島」と呼ばれているという主旨のようだ。最大の島がブリタニアで、住民はアルビオンと呼んでいる。これは初期の文献から名前がいろいろ混乱してきたことの説明に役立つだろう。

　プリニウスの原文は、既述のとおり、アヴィエヌスの詩『オラ・マリティマ』の短い引用から始まる。この航海はオエストリニデス（Oestrimnides）――ここではブルターニュのこと――の北に何があるかを記している。「二日の航海で聖《ホーリー》島に到達する。古人はこの島をそう呼ぶ。波間に見える島は大陸のように大きい。島にはイエルニ族（Hierni）があまねく住んでいる。また、近くにアルビオーネス族の島がある……」さて、この数行にはいくつかの混乱が含まれている。第一に、アヴィエヌスはアイルランドの名称イエリヨ（現地語ではIrene）を間違えた。それは、ギリシャ語の形容詞イエロスhierosは「聖なる《セイクレッド》」を意味する上、アヴィエヌスの頭の中に「アルビオーネス族の島」の近くに「聖なる《セイクレッド》」島があるとの観念があったからであり、聖岬（サン・ビセンテ岬）とイベリア半島のアルビオーネス族を混同したのだろう。しかし、これらを全て除くと、彼の記述の基になっている名前が伏された原典はただイエリヨ（Hieriyo）とアルビオン（Albion）の二島があるとだけと伝えており、アルモリカから北へ航海しているとき遭遇したものだろう。アヴィエヌスがこの知識をどこから得たか不明だが、直接、または、間接にピュテアスの記述を拾い上げた可能性もあり得なくはない。

古代の学者でイギリス諸島についてまずまず包括的に伝えているのは、紀元前一世紀のギリシャ人ディオドロス・シクルスである。ディオドロスは「プレタニア」という語を使っており、おそらく最も早いギリシャ語の名称だろう。ストラボンも『地理誌』第一巻を除き、二巻目以降はすべて一貫してこの名称を使用している。第一巻ではスペルはPではなくBを用いている。この明らかな不整合については、熱心に筆写した者が第一巻のスペルを「訂正した」結果である。その人物は、ストラボンは確かに「プレタニア」と書いていて、誤りではないと気づいて二巻目以降は変えなかったのである。ディオドロスはピュテアスの原文に基づく可能性がかなり高いので(事実を知らずに)、ピュテアスが土地の言語をギリシャ語に移し替え「プレタニケー」と書いたのではないかと考えられる。住民は「プレタニ」あるいは「プリテニ」と呼んでいたのではないだろうか。ケルト学の大家ケネス・ジャクソンによれば、「プレタニ」はイギリス南部で流布していた名前の発音であり、「プリテニ」は北部の発音だそうである。興味深いことに、標準ラテン語では「B」をとることがふつうになったが、元来のケルト語の発音は消えずに残り、ウェールズ語で「プレタニ」という民族特有の名前が最後に「プリュディン(ブリテン)」と島の名前になった。「プレタニ」はローマ時代のイギリスで「アントニウスの防壁」(第十五代ローマ皇帝アントニウス・ピウス（八六～一六一）がスコットランドに築いた防壁）の北に住む蛮族、すなわちピクト人（ブリテン島北部に住んだ古代人）を指すのにそのまま用いられた。同じ語はアイルランド人にも使われ「P」のかわりに「Qu」を使う初期ケルト語表現、つまり「クリテニ」と発音され、そのことが混乱に一層拍車をかけた。

だから、ピュテアスはベレリオン半島（ランズ・エンド）に上陸したとき、この島がアルビオンと呼ばれ、島民は自らを「プレタニ」と呼んでいることを知ったであろう。「プレタニ」の意味はおそらく「色を塗った人々」あるいは「入れ墨をした人々」であり、身体装飾が好きなことからきている。真偽は分からない。というのは、外見にもとづく名称は民族名（自称）としてはあまり一般的ではないからだ。他民族がそう呼ぶのであれば多少は納得できる。だから、アルビオンの住民を「プレタニ」と呼んだのはアルモリカの住民であり、ピュテアスはそれを土地の部族名だと早合点し、国名を「プレタニケー」とする過ちを犯してしまったのではないだろうか。ただし、考え過ぎかも知れない。住民は身体に色を塗ることを誇りにして「プレタニ」と呼んだと考える方が受け入れやすい。そうでないと私たちが誇る島の名前は、昔、フランス人の先祖がつけたあだ名がもとになって誤って付いたことを認めることになるからだ。

前述したディオドロスのブリテンに関する詳述はピュテアスの話に基づく可能性が強く、以下に全文を引用する。

ブリテンはシチリア島のように三角形だが、各辺の長さは等しくない。この島はヨーロッパ大陸に沿って斜めに延び、大陸に最も近い地点はカンティオン（ケント）と呼ばれる岬で、本土から百スタディア（十九キロ）である。海が河口を見つける場所が二番目の岬ベレリオンで、大陸から四日の航海だという。書物によれば、最後にオルカス（Orkas）という岬が海に突き出ている。ブリテン島の周囲のうちヨーロッパ大陸に面している最短側は七千五百スタディア（千四百キロ）、次に海峡から端（北端）までは一万五千スタディア（二千八百キロ）、そして残りは二万スタディア（三千七百キロ）であるので、ブリテン島の周囲は全長四万二千五百スタディア（七千九百キロ）である。（『歴史叢書』五・二一〜二二）

ディオドロスは、次に、住民と生活様式について簡単にふれ（後述）、カエサルのブリテン征服について執筆する際に住民や珍しい風物について語りたいとしている。残念ながら現存する文献はその前で終わっている。しかし、終章はブリテンの錫と琥珀についての記述で締め括られている。錫については既述のとおりだが、錫の話も琥珀の話もほぼ確実にピュテアスから引用された。

古代の学者の中でブリテン島の形や大きさについてはディオドロスの資料がいちばんまとまっている。ストラボンとプリニウスも概形について述べており、共にピュテアスから取ったと断っている。ストラボンによれば、ピュテアスはブリテン島の長さは二万スタディアで、周囲は四万スタディア以上あるとしている（ここではポリュビオスを引用）。プリニウスは、ピュテアスによればブリテン島の周囲は四千八百七十五ローマ・マイルで五万八千スタディアであると述べている。ディオドロスとストラボン、プリニウスが挙げる数字を比較すると出所は同じピュテアスであることが分かる。

これらの測定値を分かりやすくするために簡単な算数をしてみよう。一スタディオン〔複数形はスタディア〕はふつう百二十五歩とされ、二つの計算方法があって一般的には八スタディアを一ローマ・マイルとする。もう一つはアッティカ・スタディアで一スタディオンが小さめであり、一ローマ・マイルは八・三スタディアである。ポリュビオスは好んでアッティカ・スタディアを用いた。細かい計算を省略すると、標準的な一スタディオンは百八十五メートル、アッティカ・スタディアでは百七十七・六メートルである。ブリテン島の周囲が全長四万スタディアならば七千四百キロか七千百キロになる。百科事典『エンサイクロペディア・ブリタニカ』では七千五百八十キロとあるので、両方ともひじょうに近い。それにしてもピュテアスはどうしてこれほど近い数字を出せたのだろう。距離を測る方法は毎日どのくらい航海したかを推計する以外になかった。潮流と風を計算に入れて航海時間を導き、航海した距離に北、南の方位などさまざまな点を考慮し、至点における真昼の太陽高度を基礎にして導き出した。経験豊富な船乗りだとはいえ、信じがたいほど正確である。答えは単に彼の計算における固有誤差〔標準状態において求めた計測器の誤差〕が相殺し合いやすかっただけかもしれない。

ストラボンは、例によって、ピュテアスの言うことをすべて否定する。たとえば、ケルティケー（ケルト人の土地）の対岸にあるブリテン島の「長さ」はピュテアスが言うところの二万スタディアではなく、五千スタディアであると言う。この点でストラボンはピュテアスを完全に誤解している。ピュテアスがいう「長さ」とはベレリオンからスコットランド北端のペントランド海峡の手前のオルカスまでの非常に入り組んだ西海岸であって、ストラボンが考える南岸ではない。比較のためにカンティオンからベレリオンまでの長さについてストラボンは五千スタディア、ピュテアスは七千五百スタディアとしていることを考える必要がある。現代の計測に直すと、ストラボンは南岸を九百キロ、ピュテアスは千三百五十キロと見積もった。地図上で直線距離を測ると六百キロに少し足りないが、ピュテアスが辿ったとおり沿岸伝いに測ればピュテアスのほうが正確だろう。

同じ箇所でストラボンは、カンティオンはケルティケーから数日の航海であるとピュテアスが述べたことを否定した。一見してストラボンが正しい。しかし、ピュテアスが五、六日かかったと言ったのは、帰路カンティオンからアルモリカ沖のアシャント（ウェサン島）へ辿り着いたときのことを述べたのかも知れないのであって、その場合にはケルティケーに着くには確かに五、六日を要しただろう。

ストラボンはかなり批判的な立場からポリュビオスの言うとおりだと述べている。「多くの人が彼（ピュテアス）に惑わせられた……『ブリタニケー全土を徒歩で横断した』の記述のことである」（『歴史』二・四・一）。ポリュビオスには馬鹿げたことに思えたのかも知れないが、初めから不可能だと決めつけることはない。ピュテアスの探検についての見方を変えてみる。彼は未知の土地を探検するだけで満足する男ではなく、土着民に文化人類学的な興味をもつ人物であったと見るべきだ。ブリテン島の周航には、ピュテアスは何度も陸路を旅し、その都度海岸に戻ってから舟で次の目的地へ進んだ可能性と蓋然性は十分にある。ピュテアスがそうしてブリトン人について詳しく調べ、記録に残したことは確かであり、ディオドロスはそこから何度も逸話を選び、ブリテン島の概説で繰り返したのである。

＊

ピュテアスがどんな道順で探検したかは推測の域を出ないが、コーンウォールからは西岸伝いに所々寄り道しながら短い旅を繰り返して行った可能性が高い。ウェールズ南西部、次いでセント・ジョージ海峡、リーン半島、アングルシー島を経てマン島へ向かった。

マン島にしばらく滞在した可能性は高い。ピュテアスは旅の途中でたびたび太陽を観測し、故郷マッサリアからどのくらい北かを計算した。後にヒッパルコスはこれらの測定を基に緯度を定めた。ピュテアスの測定から計算された緯度の一つが五十四度十四分だった。緯線はアイルランド北部アーマーの真南からマン島の中央を抜けてブリテン北部のスカーバラを通過する。行く先々で測定を行いながら北へ向かったとすれば、マン島で測定された可能性が強く、合理的と考

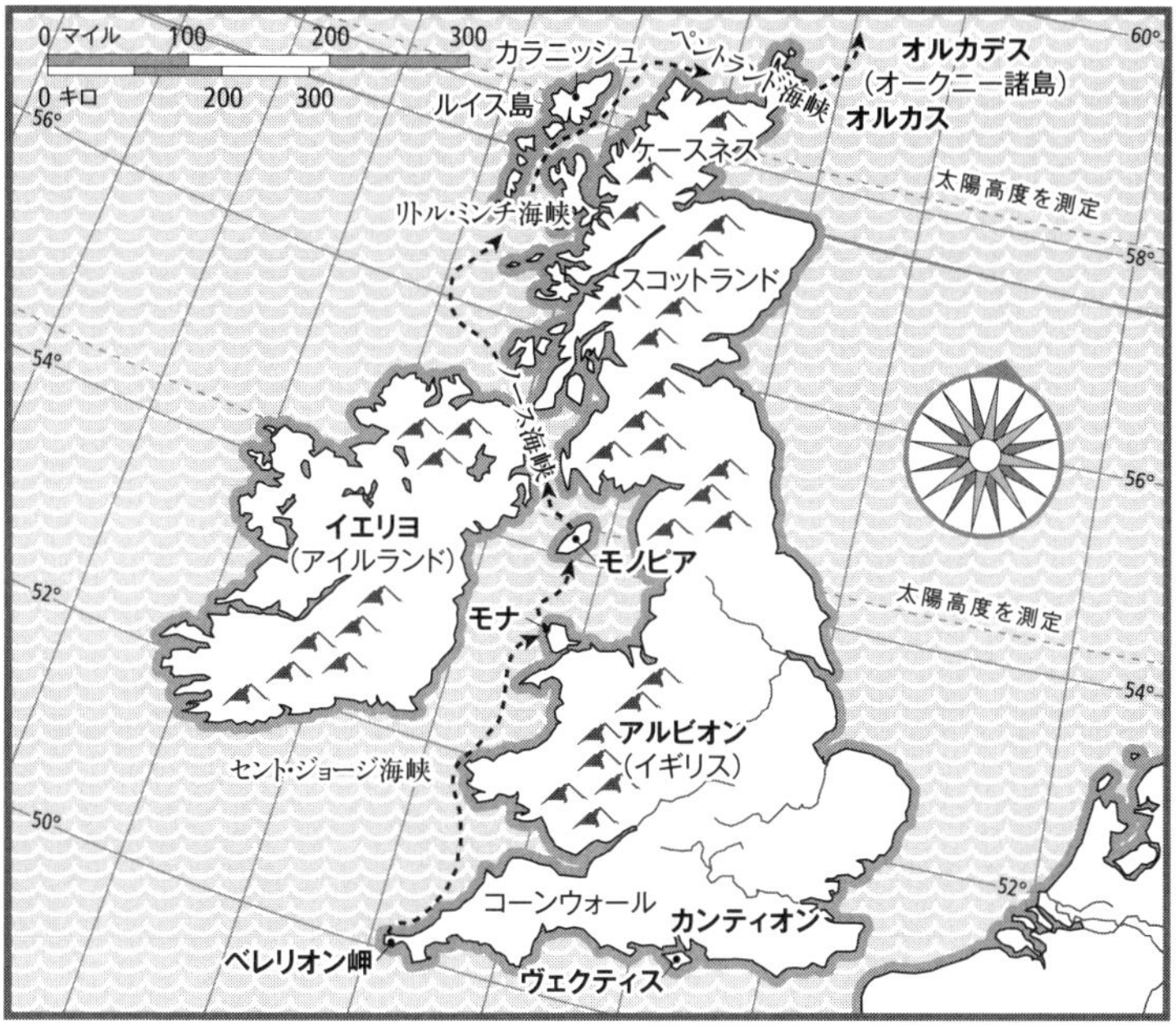

えられる。セント・ジョージ海峡からノース海峡のコースをとれば、マン島はアイリッシュ海の真ん中で好都合なので、誰でもマン島に立ち寄るだろう。安全に停泊でき、真水を補給でき、長い航海で一息つける場所になっただろう。

マン島からノース海峡に出ると、でこぼこしたスコットランド西岸や島々の近くを通っただろう。大西洋の荒波に晒されるコースだが、タイリー島を過ぎてリトル・ミンチ海峡に入ると、バラ島とウイスト島、ハリス島、ルイス島などのアウターヘブリディーズ諸島があって風や荒波を多少は凌げただろう。船はルイス島のどこかへ上陸した。アイ半島に防護された湾内で、後にストーノウェイという小さな町に発展した場所ではないだろうか。ピュテアスが三度目に真昼の太陽高度を測定した場所はルイス島で、後にヒッパルコスが北緯五十八度十三分と計算した。この緯度はスコットランドの北端も通るが、ピュテアスを引き寄せたのはルイス島のほうだっただろう。この島には安全な港もあり、巨石記念物があると聞いていたので、ぜひ見たいと思ったはずだ。

ピュテアスが、我々の識別通り、トレゴールとマン島、ルイス島の三カ所で測定したとすれば、一見して問題を提起しそうである。ヒッパルコスが緯度を計算するには正確な夏至の太陽高度を知らなければならなかったはずだ。もしピュテアスが夏至を待ってノーモンの影を測定したとすれば、アシャントからルイス島までの旅は夏至を三回迎えることで二年以上かかったことになる。ピュテアスが主張したように、陸上を探検する時間をとったとすればあり得なくはないが、別の可能性もある。至点の前あるいは後の日数を算出できたら、至点の日を待つ必要はなく、前でも後でも測定できたのではないか。星の位置、あるいは昼の長さを参考にすることで十分に可能だったのではないか。これらのデータが与えられ、ヒッパルコスは数学的に至点の高さを計算して緯度を算定できただろう。ピュテアスはできるかぎり真夏に近づこうとし、そのために陸地で長々と探検をしようとした可能性はかなり高い。

ルイス島から先も航海は続き、イギリス北西端の角に位置するラス岬から東へオークニー諸島の方角に進んだだろう。オークニー諸島は当時しばらくなら快適に過ごせる場所だった。プリニウスはピュテアスを引用し「オルカデス（オークニー諸島）の四十の島々は適当な間隔で離れていた」と述べている。小さい島まで入れればおどろくべき正確さであり、詳しい知識を持っていることが察せられる。

ピュテアスは航海途上で出会った船乗りから聞いた知識を記録するだけで満足したのだろうか。それとも、実際に探検したのだろうか。考古学上の証拠によれば、島々には一定数の住民が住み着き、祖先は巨石の墓碑を建て、天体現象の観察や崇拝に関係があるらしい円形などさまざまな形に巨石を並べていた。ピュテアスのように科学的好奇心が旺盛な人間は、古代人の知恵を知るべくこの最果ての地に長々と留まっただろう――しばらく探検に専念させてあげよう。

コーンウォールからオークニーまでの航海はせいぜい二、三カ月だっただろうが、マン島とルイス島で太陽を観測したこと、また、ブリテン島を広く歩いて探検したと述べていることから、北へは港から港へ船を乗り換えながらゆっくり進んだのではないだろうか。そうすることで危険な海を熟知し、荒海や安全な避難場所に通じた船長の力を借りたのだろう。

海とその変化の有様は、ピュテアスの探求心を大いに刺激した。何度もそのことに触れている。北へ航海に出る前は、海の体験は地中海に限られていた。地中海には大きな潮の流れはない。ひとたびジロンド川の河口から外海へ出ると別世界である。十五メートル程度の潮の変化はざらで、大西洋の西からの悪天候の猛威に晒された。新しい脅威の世界が彼に謎と興奮をもたらした。潮流はピュテアスの好奇心をそそった。イクティスや錫商人について記述する箇所で、干潮では陸が現れて橋ができたと書き、さらに「ヨーロッパ大陸とブリテン島の間にある島々」については、因みに引き潮では海が後退して島は半島のようになるとつけ加えている。これは激しい自然変化が見られるアルモリカ北岸のようだが、チャンネル諸島に言及したのかもしれない――そうであれば、ブリテンからの帰路に関する暗示になるだろう。

大プリニウスは『博物誌』第二巻で「なぜ潮汐で海面の上昇と下降が起こるのか、また、最大の干満が起こるのはどこか」についてピュテアスからも知識を得たと述べている。プリニウスはさらに「ブリタニアの北方では海面の高さが八十キュービット〔約三十五メートル〕にもなる」とピュテアスも述べていると続けている。もう一人、一世紀に活躍したアエティウスは、ピュテアスは潮汐が「月の満ち欠け」に関係があると考えたと述べている。しかし、ピュテアスより約百年前の同郷のマッサリアの人エウテュメネスも同じことを言っているので、ピュテアスは航海に出る前に先人の書物を勉強した蓋然性が高く、エウテュメネスの考えを自著に採用したのかも知れない。

アエティウスが伝えた観察は、一見して、半日ごとに起こる満潮は月の相と何らかのつながりがあることをピュテアスが示唆していたように見える。もしそうなら、アエティウスの誤りだっただろう。それよりも、月と太陽が地球とほぼ直線上に並ぶ新月や満月のころは、月と太陽の潮汐作用が重なり合って満潮と干潮の差が大きい大潮となることをピュテアスが観察していた可能性のほうがはるかに高い。大西洋沿岸で出会った海で暮らす人々はそのことをよく知っていたので、観測を自分で検証することは楽にできただろう。

ピュテアスが「ブリタニアの北方」では海面が八十キューピットにもなると言ったことについては、通常の潮汐のことを言うのであれば全くの誤りだが、スコットランド北岸とオークニー諸島の間のペントランド海峡という限られた海ならば、大潮は低気圧と強風の影響を受けて山のような大波になることがある。二十メートルもの高波がさらに高い水しぶきを上げてうねることもある。ときにはそれさえ凌ぐ劇的な現象が観察される。一八六二年スコットランド北端のケースネスの沖、ペントランド海峡の真ん中にあるストロマ島では七十メートルもの高波が岸壁を超えて島の中まで押し寄せた。こういう珍しい現象が起こると、いつまでも住民の間で語り伝えられ、旅人の耳にも入りやすい。ペントランド海峡の荒波をその目で見たピュテアスは、そういう言い伝えを信じやすくなっていただろう。

ピュテアスがどんな船で航海したかは想像するしかない。大西洋岸を舟航する船については、丈夫な樫で造られ、獣皮を帆にした船がふつうだったと考えられる。だいたいそういう船で航海したのだろうが、この地域にはまったく別の造船法もあった。木の骨組みの上に獣皮を伸ばして張る方法で造った。プリニウスは、ブリテンの錫を六日がかりで交易の島ミクティスへ運ぶ様子を記述した際に、そういう船のことを述べている。アヴィエヌスが用いたもっと古い資料であるマッサリア人周航記の中でも、イベリア半島北西部のオエストリニス周辺の航海の様子を描いた箇所に出てくる。

これら架空の船につながる考古学上の直接の証拠はまだない。船の構造が弱いので当然だといえるが、アイルランドでの驚くべき発見が、この船の建造について大きな光を投げかけた。一八九六年、デリー郡リマヴァディに近いフォイル湖岸にあるブロイターで、畑を耕していた農夫が地中から金製の宝物を七個発見した。紀元前一世紀か紀元後一世紀に神への供物として埋められたものだろう。中でも異彩を放ったのは金のトルク〔首鎖〕で、先端にはラ・テーヌ文化に特徴の曲線模様が描かれた衝撃を和らげる装飾がついていた。ひねり模様の金のトルクが二個、金の鎖のネックレスが二個、さらに金製の大釜をかたどった模型と船の模型が各々一個あった。

この発見はとくに初期の船の構造が確かめられる点で非常に興味深い。形状から獣皮を使った船をモデルにしていたようだ。船の中には漕ぎ手が腰かける台が九個、オールが十八本とオール受けがあった。船尾には舵取り用の大きいオールがついていて、中央部にマストが立ち、横帆艤装用の竿がある。フォークのような三つ叉の舟竿とひっかける鉤、または、錨もあった。この金製の船は長さ二十センチ程度だが、数ある装備品の大きさから類推して実際には十二〜十五メートルあったと推定される。

ブロイターから出土した船は、柳の枝と獣皮が使われ、実物大に建造すれば荒海を長期間航海できる遠洋航海船だったであろう。耐久性や浮力は大西洋を航海する船乗りたちがよく知るところで、J・M・シング〔一八七一〜一九〇九、アイルランドの劇作家・詩人〕によって生き生きと描写されている。シングは二十世紀初頭にアイルランド西部のゴールウェー西岸沖のアラン諸島に向けて皮舟《コラクル》に乗り、恐怖で何度も背筋の凍る思いをして航海に挑んだ。皮舟は今日でも使われており、帆は獣皮ではなくタールを塗った帆布である。

大西洋の海で伝統的に皮舟が用いられたことはプリニウス以外の古代の学者たちが記述している。ほぼ同時代に詩人ルカヌス〔三九〜六五〕は、柳の枝で組み獣皮を帆にした船はとくに「ブリトン人が広大な胸の大洋で」使っていると記し、また、三世紀の作家で興味深い事実を拾い集めたソリヌスは、皮舟がしばしばアイリッシュ海を渡っていることに言及している。七世紀と八世紀にはアイルランド人僧侶が孤独を求めて旅に出るとき皮舟を使った。七世紀末のアドムナン著『コロンバ航海記（*The Life of St.Columba*）』は、舟の中央マストに揚がる四角い大きな帆とオールのある皮舟で航海する様子を詳しく語っている。この舟も竜骨〔船の背骨に当たる船体構造上の基本部材〕が船体の安定性と強さを保っている。また『ブレンダン航海記（*The Life of St.Brendan*）』〔聖ブレンダンはアイルランド人で船乗りの守護聖人〕でも「アイルランド伝統のやり方で」柳を組んで皮舟を造る方法が詳細に描かれている。一行はオークの樹皮で牛皮をなめし、ピッチで水漏れを防止し、バターを積み込んで航海中に帆に油をさした。中央に帆のあるこの船は、乗員十七人と十四日分の食糧を積み込めるほどの大きさがあった。

大きな皮舟は中世を通じて用いられ、近代では航海愛好者たちに好まれた。ケンブリッジ大学モードリン・カレッジの図書館には皮舟を描いた格別に美しい図がある。一六八五年、トマス・フィリップス船長が描いた図で「簡便な柳の舟。アイルランドの冒険家が使用する」と説明が添えられている。フィリップス船長は古代から生き続ける造船技術を一般に知らせるために舟の基本構造を伝える意図でこれを描いた。

ブロイターから出土した船はそんな伝統的な皮舟である。舟は細部まで目が行きとどき、紀元前一世紀にはこの型を建造するのに必要な技術が相当磨き上げられていたことがはっきり分かる。ブロイター型の舟は、五千年前の中石器時代〔旧石器時代と新石器時代の移行期の時代をいう〕まで遡るとされる造船術史上では比較的後代のものだ。ピュテアスが北方へ航海した大西洋上にはこういう皮舟がたくさんあっただろう。だから、彼が航海の一部にそういう船を使用したと考えてもおかしくない。

ブリテン島の西岸を北上しながら、ピュテアスは二つの大きな島の間を通過していることに気づいただろう。とくにキンタイア半島とアントリウム海岸の間のノース海峡を通過した際には、絶対にとは言えないが「聖島《ホーリー》」と島民イエルニ族のことを思い浮かべたのではないだろうか。この島はアヴィエヌスの詩『オラ・マリティマ』の中に入っていた。とはいえ、ピュテアスは旅人の話を聞き、ブリテン島の港でアイルランド人船乗りにも出会った可能性は高いが、アイルランドへ上陸したかどうかは分からない。アイルランドを指す言葉「イエルニ」、後世の資料では「イウェルニ」とは「肥沃な土地の人」を意味するので住民が自らそう呼んだのだろう。

ディオドロスとストラボンのような後世の学者がアイルランドの住民について解説している。ストラボンは赤裸々に描写している。

イエルニについては、ブリトン人より野蛮であること以外に確かなことは言えない。彼らは人食い人種で、父親が死ぬとその死体をむさぼり食う。また、親族以外の女だけでなく、母親や姉妹ともあからさまに交わるという。だが、これは信用できる目撃者があっての話ではない。

ディオドロスはこれ以上のことは何も述べておらず、ブリトン人よりも野蛮で、乱交し、人食いに興ずる人々であると大胆に断じている。両者とも知識の源泉は同じだった。実際には全く知らない遠い土地の未開人の特性を述べるために考え出したとっぴな固定観念だと切り捨てたい気持ちになるだろう。この種のことはよくある。発信源はピュテアスだと言い切れないが、始まりはピュテアスかも知れず、信用できる目撃者はいないと言うストラボンの注釈は、情報提供者に対するあてこすりかも知れない。

ストラボンの言葉にもう少し注目してみたい。ここに述べられている性行為は、ギリシャ人やローマ人にとっては奇異に映るかも知れないが、ケルト人の間に広くあった異なる社会的価値観を反映している。後に、ブリテン南東部のブリトン人について、カエサルもこれとよく似た価値観を示唆している。カエサルは「ここでは、妻たちは、十人、または、十二人を一グループとする男たち、とくに兄弟、父、子に共有されている」と述べている。これを額面通り受け取ることはできないし、言い伝えから社会制度を再構築しようとすることは必ずしも賢明ではないが、ブリテンでは性的関係は地中海世界より複雑だったかもしれない。

部族内食人を匂わせることについても全く否定すべきではない。かなり後世になって四世紀の聖ヒエロニムス〔三四七～四一九／四二〇、ラテン語聖書の完成者〕がおそらくアイルランドからアナトリア（小アジア）へ旅をしたとき、アトコッティ（Attocotti）という部族と出会い、人を食べるのを見てショックを受けた。文化人類学上は、現代に至るまで世界各地で人肉を食べる習慣が残っていた。ほとんど知られていない蛮族について一見グロテスクな形容だが、そこには文化人類学的な観察の根が含まれているかも知れなかった。

ピュテアスが「プレタニケーでは歩いて行けるところはすべて踏破した」と興味深い発言をしていると、ポリュビオスに次いでストラボンも引用している。誇張気味ではあるが、港に入った西岸から可能な限り内陸へ探検したと考えられる根拠は十分にある。ピュテアスが探検記『大洋について』で見たことをどの程度まで伝えているかは分からないが、ストラボンとディオドロスに二例がある。

ストラボンは、例によって、ピュテアスが見たことを馬鹿げた空想だとみなした。「酷寒地帯に近い場所で生活する」人々についてストラボンはこう言っている。

果物や家畜が不足して雑穀やら野草、果物、根菜を食べている。穀類とハチミツがあるところではそれらで飲み物をつくる。穀類については、直射日光がないので、脱穀はまず大きな貯

蔵庫に穂を集めてから屋内で行われる。日光が不足し、雨が降るため屋外ではできない。（『地理書』四・五・五）

ディオドロスは、紀元前一世紀に、もっと詳しく記している。

ブリテンでは、土着民は昔ながらの生活をしているという。たとえば、戦闘では二輪馬車《チャリオット》を使う……住居は大部分が葦や木で造られた簡素な家である。穀類の収穫は、穂を刈り取って屋根付きの建物に貯蔵し、熟した穂を日々選定して粉に引き、食糧にする。行動は素朴で、現代人の特徴であるずる賢さとはほど遠い。生活様式は簡素である。豊かさがもたらす贅沢とは無縁だからだ。この島には多数の住民がいて、気候はとても寒い……島は多くの王族や貴族が治め、総じて平和に暮らしている。（『歴史叢書』五・二一・四）

ディオドロスは、情報源をピュテアスだと断っていないが、詳しい刈り入れの方法は彼の記述どおりのようであり、その他の点でもよく似ている。ストラボンはピュテアスが嘘つきに見えるものだけを選んでいる。

刈り入れの方法は非常に特殊でとくに興味深い。トウモロコシの実がなると、手で実を掴み、鉄製の刈り刃で根元を切り、茎はそのまま畑に残しておく。このやり方には長所が多い。畑から運び出す収穫量が嵩張らないし、脱穀前の貯蔵にも場所をとらない。茎や雑草はそのまま残し、最初は牛、次に羊、最後に豚などの家畜の飼料にする。羊は牛が食べ残した部分を食べ、豚は残りを食べ尽くしただろう。その間に土が掘り起こされ、家畜が刈り残りを食べている間にたまった肥やしと混ざり合う。この過程が終了する頃には畑は耕せるようになっていた。その間、トウモロコシの実は倉庫に貯蔵され、必要に応じて脱穀され、その際に出た屑は家畜の肥料になった。

この耕作法については様々な考古学上の証拠がある。鉄器時代の集落では小型の刈り鎌がよく発見される。また、ブリテン島南部の集落内や丘の砦の至る所で四本または六本の垂直な柱の上に建てられた四角形の高床式の穀物庫がしばしば発見されている。焦げた穀物の残骸から明らかなことは、穀類は畑で高い位置で切り取られたということ――問題は、下草がなかったかどうかという点だ。

鉄器時代の農業の一つの具体的な特徴は貯蔵用の穴だった――深さ二メートルもの穴もあった。こういう穴はブリテン南部に多く、おそらく収穫期から翌年の種まきまで脱穀ずみの種トウモロコシを貯蔵していたのだろう。穴の口を密閉して空気が入らないようにすれば、穀物は多少劣化するが、発芽させずに一年間貯蔵できることが実験で分かっている。ピュテアスの記述の中にこのことが触れられていないということは、こういう貯蔵法が広く行われていたブリテン南東部には行かなかったことを示唆しているのかも知れないが、ピュテアスがそのことに触れなかった、または、後世の学者がピュテアスの記述を要約するにあたってその点を記述に入れなかった理由はさまざまなので、欠落には大して意味はない。気候による屋内脱穀の言及についてはイギリス各地について同じことが言える。大規模な発掘調査が行われた南東部のほとんどの鉄器時代の農場には丸い建物が並んでいる。母屋が一つある以外は妻たちの住居であったり、集落の若者の住居であったり、あるいは食事を作ったり、布を織ったり、脱穀したりとそれぞれ用途が異なる。ブリテン島の南部と東部の家屋は、ディオドロスが述べているように、木で建てられ、屋根があり、おそらく壁もあって葦や藁《わら》で覆われていただろう。

*

有史以前の社会はほぼどこでも発酵により酒を造っただろう。広く用いられていたのは大麦であり、紀元前二〇〇〇年には、遺体の埋葬の際に陶器の大型ビーカー（広口コップ）を一緒に埋めた（これに因んで考古学上ビーカー族と呼ばれる）。ビーカーの中には死出の旅路で飲むビールに似た飲み物が入っていたかも知れない。紀元前二世紀末にイタリアのブドウ酒が現れる以前は、古代の学者の中には、ガリアのケルト族が大量に飲んだビールや非アルコール飲料に言及している者がいる。これを裏付ける考古学上の興味ある証拠が、シュトゥットガルトに近いホッホドルフの裕福な族長の墓から見つかった。遺体はギリシャ製の青銅の大釜など精巧につくられた品々とともに立派な木棺に納められていた。大釜からハチミツの中にあった花粉が発見された。当時はハチミツと発酵させた穀類を使ってハチミツ酒がつくられ、埋葬があった紀元前五〇〇年より少し前にはハチミツ酒は大釜に入れられていた。それから二百年後にピュテアスが出会ったブリトン人はまだこの由緒ある方法で飲み物を醸造していた。

ストラボンは作物をキビだと言ったが、イギリスではキビは育たないので、どうだろう。ピュテアスがカラスムギのことをキビと言ったのだろうとして問題を解決しようとした者もいるが、ピュテアスはカラスムギを知らない。カラスムギはピュテアスが知っていたと思われる他の穀類と外見がよく似ていたかも知れないが、キビとはまるでちがう。ピュテアスは、文脈上、この語をとくに「寒冷地域」と関連づけており「穀物とハチミツがある」地域と切り離している。極北について記述しているのかも知れない。そこでは穀物の耕作はなく、住民は種や木の実や根を食べていた。だが、ブリテン最北端の考古学的な発掘調査ではこの点は確かめられていない。ヘブリディーズ諸島やケースネス（スコットランド北部）、オークニー諸島、シェトランド諸島などでは大麦の栽培が確かめられた。だが、オークニーのブブロックでは大麦のほかにも大麦の種子が発見され、ケースネス北岸のクロスカークブロッホではカラスムギも生育していた。クロスカークが糸口になりそうだ。この地域の考古学年代が確認された地層で発見された繁殖力の強い植物の一種はアカザ（Fat Hen）、または、シロザ（White Goosefoot）だったからである。アカザやシロザは庭園の草花だと思われているが、種には油と炭水化物が豊富であり、有史以前は広く食用にされていた。アカザはオークニー島のブブロックで発見された種子にも混じっていた。アカザが鉄器時代に重要な食物だった時期があることは、デンマークの泥炭地で発見されたミイラの胃の内容物からも明らかになっている。その胃にはアカザとタデ科のギシギシ（Dock）が高い割合で含まれていた。ともに油分の多い種をつける。アカザは見方によってはキビに似ていなくもない。直径一・五ミリほどの黒く丸い小さな種をつける。一方、キビの種子も丸いが、大きさが二倍ほどで淡い黄褐色である。いちばん似ているところは、ともに種子が群がってつくところだ。ピュテアスがスズメノチャヒキ（Brome Grass イネ科の一年草）をキビと間違えた可能性もある。スズメノチャヒキの種は小さいカラスムギに似ているが、北方地域の鉄器時代の考古学的現場にはまず出てこない。

ピュテアスが一般的な言葉で述べている木の実や根はいろいろある。ワラビの根茎や若い茎は栄養価が高くどこにでもある。ブブロックの住民はクランベリーやローズヒップを集めていたし、おいしい海藻も何種類かある。とくにピリッとするダルス〔寒冷地方の海岸に産する食用海藻〕はアイルランド西部の市場で今でも買える。

ディオドロスが、ブリトン人は戦のとき古代の風習である二輪戦車《チャリオット》を使うと述べたことについては、ユリウス・カエサルの『ガリア戦記』から取ったのではないか。カエサルはブリトン人が戦いでチャリオットを使うことに強烈な印象を受け、騎士の機動力と歩兵の持久力を兼ね備えていると述べた。ローマ軍は四千騎のチャリオットと対戦したのだから、縦横無尽な敵の動きに感服したことは十分頷ける。しかし、ディオドロスはチャリオットのことも含めてブリテンの概要を述べた後で、とくにカエサルの遠征に絡めて、後でブリトン人やこの地域に関する詳細について述べたいと断っている。本は書かれなかったのかも知れない。現存していない。ディオドロスがそう述べたことは、二つの異文化について意図的に書き分けたことを強く暗示する。

ピュテアスがブリテンでチャリオットを見た可能性は非常に高い。この二頭立ての小型で軽量な二輪車は、ヨークシャーで発見された紀元前四世紀、または、前三世紀の鉄器時代の墓からも出土したことはよく知られており、馬具や金属部品は至る所に分布している。ピュテアスが帰路ヨークシャー沿岸を通ったならば、土地の豪族が解体された馬車とともに埋葬されるところを見たかもしれない。チャリオットはどこでも使われ、葬式でも重要なものだっただろうが、チャリオットに遺体を乗せて墓に埋めることはなかった。

ブリテン島西岸を北進しながら、ピュテアスは集落と出会うたびに異なる習慣をもつさまざまな社会に出会ったことだろう。建築様式の違いにも気づいただろう。コーンウォールのペンウイズ半島では、前述のとおり、円形の小屋が散在する集落があり、そこにチュン・キャッスルのような堅牢な支配層の住居が出現した。ウェールズ南西部に立ち寄っていたら、堀と堤防のある囲い地の風景が目に入っただろう。堅固な防衛で、入り口に丸い小屋が二、三軒と四角い穀物倉庫があった。さらに、北のマン島では家屋はもっと大きく、直径二十メートルの家もある。屋内は同心円で仕切られ、木の枝を組み泥炭を塗った屋根を柱で支えている。こういう構造では、家は低い土塁のようにしか見えないだろうが、中央部にある炉床の上の屋根のすき間からたなびく煙の筋で家屋と分かっただろう。

ノース海峡に入ると風景は一変し、岩や切り立った崖が目立ち、狭い入江が長く続いただろう。北大西洋の烈風に晒される土地は樹木の多い土地ではなかった。家屋は木材や泥炭の代わりにそのへんに転がっている石で造られた。ピュテアスが訪れた頃には、地面に埋もれて姿が見えず小部屋の多い昔の家屋に代わって、厚い壁の石造りの家が流行していた。円形の家は共同体の意志とともに土地についての彼らの主張を表していた。家は家族が住まう場所であると同時に縄張りの印でもあった。紀元前一世紀から紀元後一世紀にかけて、円形の家屋は円塔のような外観の建物に変わっていった。円塔は昔の質素な石造りの家とは異なり、外壁ははるかに高く厚くなり、廊下や欄干へ続く階段と部屋とに仕切られていた。家の屋根は外壁に隠れて見えなかった。だが、これこそが進化というものだった。

オークニー島でピュテアスが訪れたかも知れない、ひょっとしたら実際に泊まったかも知れない家が一九八〇年代に発掘調査された。外壁の厚さは約五メートル、床面積が直径約十メートルの円形の家だった。屋内は石板で仕切られ、中央に大きな炉があり、内壁に沿って数室並んでいた。これら個室の中ではプライバシーが護れただろうし――寝るのに十分な広さがあった――残りは収納や倉庫として使われたのだろう。

この集落は土地の資源を十分活用していた。近くでとれる大麦と小麦、そして、野生のクランベリーやローズヒップについてはすでに述べた。タンパク質の供給源には牛や羊、豚、野鹿がいるし、魚も釣れる。近海はもちろん、深い海からは中程度の大きさのタラがとれた。さらに貝類、鳥類、卵も手に入った。考古学上の遺物から判明する限り、食事内容はバランスがとれ、種類が豊富で、健康的だった。

＊

ときどき上陸しながらの北への長い航海で、ピュテアスは諸部族の生活やら神話・伝承について知識を深めたことだろう。神話や伝承は直接ピュテアスから我々に伝えられていないし、ストラボンやディオドロスからもその類の話はあまり聞かれない。しかし、アヴィエヌスの『オラ・マリティマ』にはそれ以上のことが未整理のまま断片的に埋め込まれている可能性があり、ピュテアスから取られたものかも知れない。アヴィエヌスのその箇所は、そのままでは大袈裟に誇張されすぎているので、分かりやすく言い直したほうがよい箇所であり、アルモリカから「リュカイオン〔アルカディアの土で、ゼウスの全知を試すために人肉を供するが、見破られてオオカミの姿に変えられた〕の空気が固くなるところ」（凍えるような極北を表現）へ航海すると、住民は一人もいないが、リグリア族の土地に入るだろうと言っている（リグリア族はここでは単に古代の現地人を指す）。ケルト人との絶え間ない戦のために、住民は土地を去って、岩だらけの岸壁や、空に突き刺さるような山々がある土地に移り住んだ。住民はそこでも海からの恐怖に脅えているが、穏やかな日和には再び海岸へ出て行く。

これは歴史的な出来事を思い起こさせるとくに興味深い断片である。だが、地理的な位置は分かりにくい。文字どおり「アルモリカから北の寒冷地方」と受け取ればスコットランドの西辺りと考えられるが、アイルランドの北西かも知れない。両地方とも岩だらけで岸壁や山々が海に突き出ている。飛びつきたくなる推測だが、推測の域を出ない。

さらに、物語にはアイルランドで『神話集成（Mythological Cycle）』として知られる一連の民族文学に残る民話の響きが微かにある。『神話集成』にはアイルランド人の先祖がやって来る前に、五つの集団が次々にアイルランドを占領したことを伝えている。最後のダナン女神族は、ミーレ人〔イベリア半島からアイルランドへ渡って来たとされる伝説の祖〕に征服されて遠くへ追いやられた。どれくらいの歴史的事実がここに編み込まれているのか、まったくのでたらめかは知る由もない。

遠い祖先の記念碑を毎日見ている人々が過去を説明するために話を作り上げたのではないだろうか。過去を「知り」それを示す必要が深く感じられる。それ以外にやりようがない。百世代も前には、人々は民衆の記憶の断片から神話を創造した――現代では考古学に頼る。ピュテアスがオークニー島に立ち寄って巨石群――「ストーンズ・オブ・ステネス」、「リング・オブ・ブロッジャー」、マウンド状の墳墓「メイズ・ホウ（またはマウス・ホーウェ）」など当時でさえ三千年前のもの――を訪れて驚嘆し、夜、炉を囲んで語られた土地の神話や伝承をピュテアスの科学的な思考力がどのように捉えたかに思いを馳せるのもいい。

第六章　極北の島《ウルティマ・トゥーレ》

「極北の島」（Ultima Thule）は数百年の時を越えて使われてきた言葉であり、遠いこの世の果てを思わせる魔力がある。というのも、ローマ帝政初期の哲学者セネカ〔紀元前四頃〜紀元後六五。ストア派の哲学者、劇作家、政治家〕や詩人ウェルギリウス〔紀元前七〇〜一九〕がこの言葉を使うようになったからだった。後世の学者や芸術家は、ポリュビオスやストラボンの著書にある「極北の島」が地理的にどこかをめぐって学問上の長い論争があることを知りつつも、想像力豊かなメージが湧くのであえてこの言葉を使用した。空想をふくらませるイメージは何でもそうだが、「極北」という言葉には現実と非現実の境界を漂うスリルに満ちた興奮を生み出す力がある。永遠に終わらない冒険のようだ。それはひとえにピュテアスのためである。だが、ピュテアスが持ち帰った物語の背後に潜む事実を探る前に、数百年後の中世初期の歴史家は遠い北の最果てをどう見ていたのかを考えてみることは参考になる。

八世紀の聖ベーダ〔六七二／六七三〜七三五。ラテン語によるイギリス教会史を著す〕は「極北の島」

はアイスランドだと固く信じていた。極北からアイルランドへやって来た旅人の物語には、真夏に数日間、夜でも太陽が見えると書いてある。教育を受けた人間は古典の知識があるので嘘の話を作り上げることができるかも知れないが、聖ベーダに語った者は実体験だったと思われる。

九世紀にはさらに決定的な証拠が現れる。八二五年頃、アイルランドの学僧ディクイルはフランク王国のカール大帝やルイ敬虔王の宮廷に仕え、有名な『地球の測定について（De Mensura Orbis Terrae）』を著した。ディクイルは地理学と天文学に通じ、古典と失われた文献を含めて幅広い知識を有していた。その一つが約三十年前の七九五年にアイスランドを訪れた聖職者一行の口伝による報告だった。一行の冒険を語り直すに当たってディクイルは予めプリニウス、セビリヤの聖イシドール〔五六〇頃〜六三六、セビリヤ大司教、学者。『語源』を著す〕そして、ソリヌス〔三世紀、または四世紀の博物学者〕が考えた「極北の島」について短評している。三人とも「極北の島」はブリテン島の北西にある遠い島であると考えていた。こんなふうに。

今から三十年前（二月一日から八月一日まで）あの島に滞在した修道士たちはこう語った。夏至のみならず夏至の前後、夕方沈み行く太陽は小さな丘の陰に隠れたようでいて一瞬たりとも真っ暗にならなかった。明るいので何でもできる。シャツのシラミも取れる。一行が山頂にいたら太陽が見えなくなることはなかっただろう。そのごく短時間は、地球の真ん中では真っ暗である。そこで、私が思うに、冬至とその前後の数日間、地球の真ん中で昼間のとき、極北の島では夜明けはごく短時間である。だから、極北周辺の海は凍り、春分から秋分までは昼ばかりで夜がなく、逆に秋分から春分までは夜ばかりであると記した人たちは嘘をついていることになる。修道士一行は最も寒い時期にその島へ渡り、上陸して滞在したが、至の後は昼と夜が交互にあった。一行が島から北へ一日航海すると海は凍っていた。

ディクイルが修道士の体験を注意深く語っていることはとても重要である。航海を称えているのではない。アイスランドとの往来はまれではなく、七九五年以前にもあったことを示唆している。さらに、意図的に真冬に航海に出たということは、経験から生まれた自信のようなものを暗示する。もっとも修道士の向こう見ずで無鉄砲な行動は有名である！　さらに、冬を切り抜けるには、石と泥炭で造られ、どんな悪天候にも耐える家屋が到着と同時になければならない。これらを考え合わせると昔から往来していたことを示している。

ディクイルは太陽の現象を正確に観察し、古代の文献に散見される誤りや間違いを退けた。プリニウスが極北の島では「半年は昼ばかりで、あとの半年は夜ばかり」であると述べているのを覚えていたのではないだろうか。プリニウスはピュテアスがそう言ったと述べている。ディクイルがこれを否定したことは正しいけれども、どうしてそう考えたかを理解するのはそれほど困難ではない。

アイスランドにアイルランド人修道士たちが住んでいたことは確かな事実である。八六〇年頃にノルウェーからヴァイキングの一団がアイスランドに移り住んだとき、修道士らが残していった本と鐘、司教杖などが発見されているからだ。修道士は異教徒が大挙して押し寄せる前に逃げ去ったのである。しかし、ヴァイキング以前に人が住んでいたかどうかに関する考古学上の証拠は驚くほど少ない。ただし、司祭を意味する言葉〈パパ〉が混じった地名が少しあり、初期キリスト教信者がいたことが窺える。アイルランド人修道士がアイスランドに到着した正確な年代は不明だが、ディクイルによれば、七〇〇年頃から修道士が人里離れた地での孤独を求め、皮舟で海に出て行く習わしが始まったという。もし極北の島の存在にうすうす気づいていたとすれば、アイスランドは〈遍歴者〉が旅を初めたころに探し出されていたのではないか。

早い時期に人が訪れた証拠が見つかる可能性はひじょうに乏しい。あるのは三世紀末のローマ硬貨三枚だけである。三枚のうち二枚は一九〇五年と一九三三年に島の南東沿岸にあるハマルスフィヨルド（Hamarsfjord）の集落の跡で別々に発見された。三枚目は一九二三年に同じ地域の砂丘で拾われた。これらの発見は後代にアイルランド人修道士、あるいはヴァイキングが骨董として持ち込んだと考えるべきだろうが、五百年以上前に北大西洋を探検したローマの船団が運んだものである可能性もごくわずかだが捨てきれない。この疑問は現在ある発見だけでは解けそうにないが、ローマ軍が「極北の島」を探すために遠征隊を派遣したということも全くあり得ないことではない。

八世紀にアイルランド人が大型の皮舟でアイスランドを往来できたこと、しかも、真冬でも渡れたということで、当時アイルランドやイギリスの大西洋岸からどれくらいの距離を航海したのかという疑問が生まれる。『ブレンダン航海記』の皮舟と紀元前一世紀のブロイターの金製の模型の舟に代表される舟には実質的な差はない。食糧と漕ぎ手を積んだ四角い横帆式艤装の舟は、少なくとも青銅器時代後期にはすでに定着していた。大西洋の航路を往来する船は多かったらしい。従って、紀元前一世紀にイギリス、または、アイルランドからアイスランドへ航海することは技術的には可能だった。それにしても、あえて危険を冒してまで人を引きつけるものは何だったのか。また、開拓者はどうして必ず大陸があると確信が持てたのだろうか。

二番目の問いに対する答えは、船乗り特有の航海への憧れにある。波の方向やうねりの大きさ、船乗りにはたまらない海水の色、波間に漂う破片、遠くで生まれる雲、沖を渡るそよ風に運ばれてくる陸地の匂いまでもが大海原を思い出させる。

世界中で船乗りが注目していたのは、渡り鳥が飛ぶ方角だった。長年月をかけて観察し、やがて一定のパターンがあることが分かっただろう。鳥が地域から地域へ移動するのではないかと思いつくのは少しも突飛ではなかっただろう。渡り鳥が海を渡る後について行けば、新しい大陸が発見されるのではないかと考えただろうことは頷ける。

西ヨーロッパ沿岸の渡り鳥のルートはイギリス西海岸に沿っている。春になると渡り鳥はフェロー諸島〔イギリスとアイルランドの北大西洋上にある間の二十一の島からなる群島〕を経由して北のアイスランドへ、さらに極地へと向かう。スコットランドやヘブリディーズ諸島の大西洋岸にある村々にとって、毎年オオハクチョウのような渡り鳥が集合し、ラッパのような大きな鳴き声やV字形をつくって移動を始めると春が来る合図で、暦のように正確だが、渡り鳥が移動するルートのはるか北のどこかに陸地があるのではないかということも決まって思い出した。

ヴァイキング・フロッキの武勇伝には、渡り鳥を航海に利用したことが書かれている。フロッキは八七四年、三羽のワタリガラスを舟に乗せ、アイスランドを目指してノルウェーを船出した。必ずアイスランドに到着するはずの緯度から外れないように西へ向かった。航海に出て数日経った。陸地がまったく見えないので三羽の鳥を放った。一羽は航海してきたコースを逆にノルウェーの方角に飛んで行った。次の一羽は空に円を描いて飛んでから舟に戻ってきた。三羽目は進路の方角に飛び去った。フロッキは自信を深めて最後の鳥が飛んでいった方角に舟を進め、無事にアイスランド南東部の海岸へ到着した。この幸運な物語は十三世紀の作者の脚色によるところが大きいかもしれないが、当時は航海に鳥を利用していたことは紛れもない事実だったことを少なくとも示している。もっと劇的なのは、一五〇〇年四月二十二日の朝、ペドロ・アルバレス・カブラル〔ポルトガル人航海者〕がインドへ向かって航海中に、尋常でない鳥の飛び方が気になってアフリカ西岸を大きく迂回した。カブラルは渡り鳥だと確信して航路を西に変更し、日暮れまでにブラジルを発見したという。

イギリス西岸を北へ向かって飛ぶ鳥を見て、住民はどこかに陸地があると信じたとしても、それを探しに出ようと奮い立たせたものは何だったのだろう。冒険心という答えはありふれている

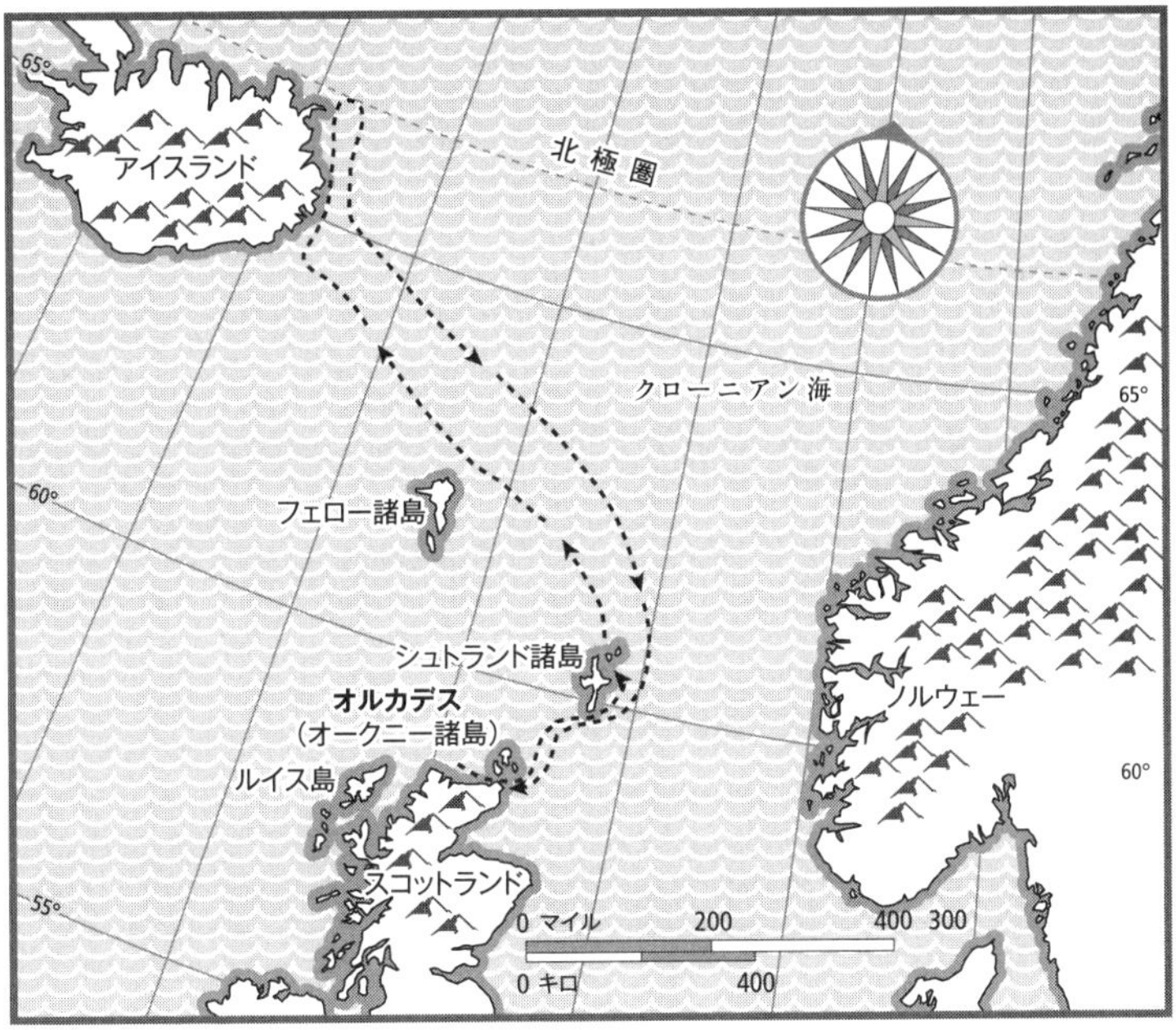

が、否定できない。冒険心は時代を超越した人間の特徴である。それにしても、紀元前三世紀、前二世紀、あるいは前一世紀の北方の住民は何を考えていたのだろう。紀元前三〇〇〇年頃に舟でシェトランド島まで家畜や種子を運んで行った証拠は数多くある。紀元前一千年紀の初めに冶金工がアイルランドのゴールウェー沖のアラン諸島から遥か遠くのシェトランド諸島をめぐる航海をした。彼らは蜜蝋《みつろう》や耐火性粘土、青銅器の破片などを携えて行き、店を構え、島民の望みどおり青銅を鋳造した。海の旅は必要不可欠だったのである。これらはすべて考古学上の記録から十分に立証されている。

さらに時代を少し遡る紀元前三〇〇

〇年頃、北方諸島の島民は天文学に興味をもち、ルイス島やオークニー諸島には石を立てて環状に並べた遺跡や、オークニーのメイズ・ホウのように冬至の日の入りの太陽光線上に石を並べた埋葬室のある墓がある。島民は実験を重ね、長い時間をかけて天体の動きを観察して得た知識からこのような能力を得たもので、独自の天文学者といえる。オオハクチョウがV字形をつくって北へ飛ぶのに導かれて太陽や星座の動きを探究したのは彼らだったろう。初めは何度も航海を試みては失敗したが、ついに陸地に到達し、彼らが発見したルートが定着して後から人々が続いた。こうした分野の確証はめったに見つからないのが考古学における悩ましいところである。しかし、メイズ・ホウの精巧さを実際に見、ストーンズ・オブ・ステネスやカラニッシュの立石群をつくった人々が何を考えていたかに思いをめぐらすとき、当時の人々の革新的な能力にきっと驚異を感ずるはずである。その時が探検のときだった。

紀元前四世紀にピュテアスがこの海域にやって来たとき、力強く躍動する時代の勢いはすでに失われて久しかった。遺跡はどこからも見え、住民の話は聞けるが、気運はすでになかった。天文学者ピュテアスは古代の遺跡を見て大きな感動を覚えただろう。現代の私たちと同様に、ピュテアスにとっても遠い昔のことだった。ピュテアスは懸命に言い伝えを聞いて古代の知恵に迫ろうとしただろう。そうに違いない。極北の島を目指して旅立って以来、ピュテアスが日々話を聞いていたことは彼の記録から明らかであるし、この海域での驚きを直接述べているからだ。太陽が沈まない土地を自分の目で見たいという誘惑に抗し切れただろうか。

だが、手がかりが含まれているかも知れない伝承の断片に戻る前に、ピュテアスの世界観を理解するために彼の頭の中に入ってみたいと思う。

*

ピュテアスは、地球はもう一つの球――天球――の中心にある球だと考えていただろう。そのことは内側にある地球の両極と赤道、回帰線に反映する。太陽は地球の周囲を回っている（と考えられていた）ので、宇宙の回転とともに垂直の棒（ノーモン）は円弧を描く。北へ行くほど夏の昼間の時間は長くなり、弧の長さはだんだん伸びていき夏至で影が二十四時間内で完全な円を描く地点に到達する。ポセイドニオス（紀元前一三五～前五一。ギリシャ人哲学者で博学だった）は、そこに住んでいるかも知れない人々を指して「ペリオイコイ（perioikoi）」と称した。たんに「住民」という意味である。ただし、そこは一般には人間が生きるには寒すぎる土地だと考えられていた。回帰線（ギリシャ語「トロポイ（tropoi）」は方向転換点《ターニング・ポイント》を意味する）とは、夏至と冬至に太陽が最北・最南に来る。ここでは影が半年は北側、半年は南側へできる。北回帰線の北側では影は北極圏（くま座圏）までつねに北にでき、北極圏以北では円になる。北極圏がくま座圏（おおくま座・こぐま座）と名付けられたのは、北極圏以北ではおおくま座にある星が地平線より下に沈まず、つねに見えるからである。天の赤道、その両側の天の回帰線、つねに見える星の循環は、内側にある地球に投影された天球の循環であると考えられた。

ピュテアスはこのように理解していたと思われ、緯度を測るという概念を持たなかった。紀元前二世紀半ば、ニカイアのヒッパルコスが現在使われている緯線を確立し、赤道と北極・南極の間を一度の間隔で区切った。天球を三百六十度とすれば、この方式では夏の回帰線（北回帰線）は北緯二十四度、北極圏は北緯六十六度である。ヒッパルコスはおもにロードス島で天文観測に従事し、ピュテアスなど先人のデータを集めた。ピュテアスのデータはすこぶる信頼度が高かった。こうして、前述のとおりヒッパルコスは緯線方式で北緯点をいくつか示した。

ヒッパルコスは、地表を移動した距離、夏至または冬至の太陽高度、あるいは太陽が見える最長時間を数学的計算によって換算し、緯度数で表した。しかし、ヒッパルコスより百七十年前のピュテアスは、そういう概念を持ち合わせていなかった。ピュテアスも至点で真昼の太陽の影は北へ行くほど長くなることをよく知っており、ここから地平線上の太陽の高度を算出できただろう。ピュテアスは夏至の日照時間は北へ行くほど長いことを知っていたが、正確な計算手段を持たなかったようだ。船が一日にどのくらい進んだかというおおざっぱな計算を除き、正確に距離を測ることはできなかったらしい。こういう制限を加味すれば、ピュテアスが記録し、ヒッパルコスが数学的計算に用いた測定値は太陽高度だったようである。ヒッパルコスは測定値を緯度数に換算したが、ストラボンは緯度をスタディア、および、昼がいちばん長い日で表したかったようである。それはピュテアスの測定値を基にしたヒッパルコスのデータから計算されたらしい。

ピュテアスとヒッパルコスが計算した測定値は次のとおり。

	太陽高度（キュービット）（注）	日照時間（最長時間）	マッサリアからの距離（スタディア）	緯度
極北の島		二一〜二二		六六度
シェトランド島	三未満	一九	九一〇〇	六一度
ルイス島	四	一八		五八度
マン島	六	一七	六三〇〇	五四度
トレゴール	九	一六	三八〇〇	四八度
マッサリア	？	一五・五		四三度

（注）古代の長さの単位。ラテン語のcubitum（肘）に由来し、一キュービットは約五十センチ。

アイスランドに関する二つの事実がピュテアスの旅の範囲に直接関わっている。アイスランド島はだいたい北緯六十三度から六十六度の間にあり、島の北端リフスタンギは北緯六十六度三十二分で北極圏と接している。

北極探検家ヴィルヒャムル・ステファンソン〔一八七九〜一九六二〕はアイスランドを探検して熟知しており、ピュテアス論争に深く関わると考えた事実について説明した。アイスランド北岸の変化の多い地勢は、真夜中の太陽とおぼしいものに制約を与えている。何日か立て続けに北の地平線から太陽が昇るのが見える岬もあるが、湾の端では深いフィヨルドが邪魔をして、太陽がまったく見えないか、一部しかみえない場所もある。だから、観察者がどこにいるかで見える範囲が決まる。もう一つ留意すべき点は、アイスランドの大きさである。北極圏内にある最北端から島の南端までは三百四十キロ、緯度で三度以上ある。これだけの距離があれば、真夏の太陽の日照時間にもだいぶ差がある。アイスランドの南西の角にあるレイキャビークの公式時刻は、最も昼間の長い日でさえ日の出と日没を指定しているが、ここでさえ周囲は真夜中に「衣服からシラミをつまみ取れる」くらい明るい。これを裏付けるように、この国の法律では毎年三カ月間灯台の灯りを消してよいことになっている。言い換えれば、太陽は沈むが、アイスランドを訪れた者は昼間が三カ月間続くと思うかも知れない。こういうことを予備知識としてピュテアスの観察を見てみよう。

*

第一の、最も異論の多い箇所だと思われるのは、すでに見たとおり「寒冷地近くの住民」の食べ物について、ピュテアスが数ある中でハチミツに言及していることを繰り返していることだ。ストラボンの記述はいつもの軽蔑したような口調で始まっている。

「極北の島」については、名前がついている土地の最北端とされているとおり、遠すぎて我々の知識はまったく不透明である。極北の島とその付近についてピュテアスが述べたことがでっち上げであることは、我々がよく知っている土地について彼が書いていることを見れば明らかだ。既述のように、ピュテアスが述べたことはほとんど嘘であり、未知の土地に関しては輪をかけた嘘つきであることは明らかだ。(『地理誌』四・五・五)

ストラボンの価値判断はさておき、「寒冷地」の住民の食物についての記述が「極北の島」と関係があると考える必要は全くない。「極北の島とその付近についてピュテアスが述べたこと」というストラボンの発言は、極北の島と「人のいない地域」とがはっきり分かれている。要点は自ずと明らかだが、穀物とハチへの言及を誤用して極北の島はアイスランドではないとする学者もいるので、ここで要点をはっきりさせておかなければならない。敵愾心を燃やすストラボンの曇った頭の中でさえ、この二つは関係していない。

ストラボンは極北の島を「名前のある土地の最北端」であると認めることに異存はないらしい。

ピュテアスが極北の島はイギリスの北から六日間の航海で「凍結した海に近い」と言っていることを、ストラボンは別のどこかで批判なしに伝えている。凍結した海という言葉は、ふつう固まっている、つまり、氷になっていると解される。プリニウスも別の箇所で同じく六日の航海であり、極北の島から一日の航海で「クローニアン」〔北極海の詩的表現。クロノスはギリシャ神話の神格〕と呼ばれる凍った海に至ると述べている。六日間で、どのようなコースを辿るのか分からない。オークニー諸島からフェロー諸島を経由してアイスランドへはおよそ五百海里〔九百二十六キロ〕だが、オークニー諸島からシェトランド諸島、フェロー諸島を経由するルートを取ればさらに八十海里〔約百五十キロ〕加わる。この距離を六日で航海するには一日に八十五〜百海里進まなければならない。それには三・五〜四ノット〔毎時六〜七キロ〕の速さが必要だ。順風で潮の流れがよければ十分可能な範囲内だが、条件が悪いともっと時間がかかるだろう。「凍結した海」へ足を伸ばすにはアイスランド周辺海域の状態による。島の東海岸を北へ向かって一日航海すると夏でも流氷に出会う。記録は一千年以上後のディクイルの記述とぴたり呼応するところがあり、ディクイルも「そこ〔アイスランド〕から北へ一日航海すると海は凍っていた」と述べている。

地中海の人々はピュテアスが伝えた天文学に強く興味をそそられたことだろう。二つの基本的観察がある。最初は一日の長さについてのものである。

太陽が天頂に近づく至点の日の前後は、太陽光の当たり方が限られているため、下にある地

球は昼間が六カ月続き、太陽が逆向きに遠ざかる冬は夜が六カ月間続く。(プリニウス『博物誌』二・一八六)

プリニウスは後で再び同じ点を繰り返す。

……すでに述べたが、極北の島では太陽が巨蟹宮《きょかいきゅう》〔黄道十二宮の第四宮〕を通過している夏至の間、夜はない。冬至には昼はない。これが六カ月続くとする者もある。(『博物誌』四・一〇四)

同じことは五世紀のマルティアヌス・カペラ〔二八五〜四四〇頃。カルタゴの著述家〕も繰り返しているが、カペラはプリニウスの『博物誌』から直接引用した。

既述のとおり、ディクイルは(別の文献で)プリニウスのこの箇所に出会ったとき、これは正しくない、嘘だと考えた。厳密に言えば正しいが、一夏を通じての太陽の軌道の全般的な影響は、太陽が沈んでもアイスランドの灯台守が三カ月間休んでいられるくらい空が明るいことである。この明るさを目にした者は、何カ月もそういう日が続くとつい大げさに書いてしまうこともあるだろう。ピュテアスは記録に慎重なのでプリニウスがおおざっぱに解釈したのかも知れない。

一世紀半ばに、ロードス島で研究し『天文学序説』を著したゲミノス〔紀元前一一〇頃〜四〇頃。ギリシャの天文学者、数学者〕もかなり関心が高い。

マッサリアの人ピュテアスが彼の地（北方）に行ったのは事実のように思われる。ピュテアスはその著『大洋について』の中で述べている。蛮族は折に触れて太陽が横になって休憩するという場所の話をした。そこでは夜は極端に短い。二時間か三時間であり、日没後太陽は少し間をおきすぐまた顔を出す。

ゲミノスはさらに、もっと北へ行くと二十四時間が昼間で、極地では昼と夜がそれぞれ六カ月あると説明する。ゲミノスの天文学の知識は完璧で、訪れたことのない土地については既存の資料を基に自信をもって推断する。アイスランド南部では昼間が二十一時間、二十二時間の場所はざらで、北緯六十三度くらいまでこういう地域が広がっている。一見してこれはピュテアス、または情報提供者が実際にアイスランドを訪れたことを示唆しているように思われるが、すべてピュテアスから直接引用したのか、あるいは、引用箇所は、蛮族は太陽が横になる話をした箇所のみで、夜の長さについての残りの知識はゲミノスが自分の計算によって加えたものかどうか、残念ながら現存する資料からは確かめられない。古代の文献を扱う場合、初めは絶対に確かに思えたことが、詳細に調べてみると曖昧になることがしばしばある。

ピュテアスの天文学の知識に関する二番目は北極圏についてである。ストラボンは次のように要約している。

マッサリアの人ピュテアスによれば、最後の地域は極北の島一帯である……この辺りでは夏の回帰線は北極圏と同じである。（『地理誌』二・五・七）

同一の事実が一世紀または二世紀の学者クレオメデス〔一世紀頃のギリシャの天文学者〕が著した天文学の研究にも出てくる。

マッサリアの哲学者ピュテアスが実際に訪れたと言われている極北の島については、地上はつねに夏季で、北極地方だそうである。

いずれも分かりにくい文章だが、言おうとしていることは、夏の回帰線（北回帰線）の赤道からの位置と、北極圏が北極からどれくらい南にあるかは同じであるということで、前者は北緯二十四度（〇＋二四）、後者は北緯六十六度（九〇―二四）である。北極圏はアイスランドの最北端と接している。

極北の島に関するピュテアスの最も興味深い観察はストラボンによって保存され、ストラボンはこの点につきポリュビオスを引用していた。愚弄するような言葉――誰もがピュテアスに混乱させられる――の後で、ポリュビオスは受け入れられない例をいろいろ挙げ、最後に極北の島についてこう述べている。

そこは陸地、海、蒸気のいずれでもなく、海の肺のようにこれらが混じり合っている……陸地や海やすべてのものが渾然一体となっているので、徒歩や船では行けない状態である。

ストラボンは、それからこう続ける。

肺のようなものは自分（ピュテアス）で見たが、その他は風聞をもとに述べた。（『地理誌』二・四・一）

右の文は大議論を起こしたが、さもあろう。これを土と水と大気が解け合う、どこにも見られない極限の世界の象徴として抽象的に読むこともできようが、それは正確で冷徹なピュテアス流とは真逆である。流氷が漂う北極周辺の海ではそうかも知れないと思われる、恐ろしい光景を伝えようとしたと考えるほうが素直であろう。そこでは海はどろどろした重い氷の塊に姿を変えてゆき、厚い氷の靄がおり、大気とねばっこい水が一つに溶け合う。そんなとき感覚は完全に混乱し――時間と現実から――パニック状態になりやすい。ピエール・ロティ（一八五〇～一九二三、フランスの小説家、海軍士官）は、ブルターニュ北部のパンポルの漁師たちが、夏になるとアイスランド沖にタラ漁に出る生活を題材にした小説『氷島の漁夫』でその様子を見事に描いている。

昼間だった。この辺りはいつも昼間だ。この薄明るさはたとえようがない。夕陽のようにすべてを包んでいる。無色の荒涼とした世界が広がる……何もかも無色透明で、この世のものとは思えないほど美しい。譬えようのない世界だ。何も映っていない鏡が揺れ動くようで、遠くは蒸気の砂漠になっている。何もないところのその先は地平線もなくただ限りない。

ところでピュテアスの「海の肺」(pleumon thalassios)とは何だろう。彼は自分が見たものを説明するために知恵を働かした。「凍結した海」が上下にゆっくり波打つ光景がピュテアスには海が呼吸をしているように見えたか、あるいは、透明な巨大クラゲ(プラトンはクラゲをpleumonと呼んだ)のような動きに譬えたのだろう。クラゲに譬えたならば的確で力強い比喩であり、死ぬまで鮮明に記憶に残っていたにちがいない。

*

極北の海についてのピュテアスの証言も終わりにきた。残る二つの疑問は極北の島が本当にアイスランドだったのか、そして、ピュテアスはどこまで遠くへ行ったのかという点である。第一の疑問については三通りの考え方がある。極北の島をアイスランドだったとする考えが一つ、他にノルウェーだったとするものと、シェトランドだったとする見解がある。これまで述べてきたことから、私がアイスランド派であることはお分かりだろう。私は証拠について疑う余地がないと考えている。イギリスから北へ六日の航海（東のノルウェーではない）、昼間が二十二、二十三時間、北極圏で太陽が眠る場所、そして、凍結した海――すべてがアイスランドであることを示している。九世紀のディクイルに疑問はまったく無かった。もちろん、ディクイルは、自ら古代の文献を解釈することから考えが固まっていくのだが、先史時代にまで遡ってアイルランド人が散発的にアイスランドを訪れていたこともあって「極北の島」または、これに類する語に馴染み深かったということがあるだろう。

ノルウェーであるとする人々は、北欧の作家フリチョフ・ナンセン〔一八六一～一九三〇。ノルウェーの北極探検家、海洋学者、政治家〕に従う。一九一一年に出版されたナンセンの著書『北方の靄の中で』における穀物やハチの描写は極北であり、従って、アイスランドではないという。しかし、ストラボンの原典は慎重に極北の島と耕作地を分けている。それに、ノルウェー最北端からでも一日の航海では凍結した海には到達できなかった。

シェトランド支持派は、ピュテアスがそれ以上遠くまで探検したとは考えられないと主張し、タキトゥス〔五五～一一三。ローマの歴史家、政治家。『ゲルマニア』、『アグリコラ』を著す〕がシェトランドを極北の島であると確信していたことも根拠に挙げる。タキトゥスは、八五年にローマ軍が義父ユリアス・アグリコラの指揮下にブリテンを周航したことを「ローマ軍はこれまで未知だったオークニー諸島を発見し、征服した。極北の島は見ただけだった」（『アグリコラ』一〇）と書いている。二世紀のプトレマイオスもタキトゥスの考えに従うが、極北の島がブリテンの北にあるということ以外に根拠は何もない。

だが、ピュテアスがシェトランドへ行ったかもしれないという主張にとって心強い一片の証拠がある。ピュテアスの記録に太陽の影が三キュービットにとどかない土地がある。ここからヒッパルコスは、昼間は十九時間、およそ北緯六十一度と計算した。これは偶然にシェトランドの最北端に当たる（ただし、ノルウェー派は、ほぼベルゲンの緯度であるとも指摘するだろう）。

証拠の重みが極北の島はアイスランドを示していていても、本当にピュテアスがそこへ行ったかどうか疑問は残る。

先史時代後期、少なくとも紀元前一〇〇〇年頃、散発的であれアイスランドへ行った人たちがいたことを考えれば、イギリス北部の伝承の中にアイスランドが生きているということは言えるだろう。ピュテアスは、ヘブリディーズ諸島やオークニー諸島、本土で、北へ六日の航海で到達するという伝説的な島についての伝承を耳にしたかも知れない。凍結した海のことを何度も聞いていて「蛮族はたびたび太陽が横になる土地のことを話した」とは、オークニーかシェトランドの居心地のよさから出たのかも知れない。そういう知識は「ピュテアスが風聞だとする諸々のこと」の中にすでにあったのかも知れない。彼は確かに民話や伝承を集めていた。それでもストラボンは「ピュテアスはヨーロッパの北の果てまでくまなく見たと述べている」と記しているし、さらに「ピュテアスが見たという肺のようなもの」について二世紀のクレオメデス〔生没年不詳。一～二世紀のギリシャの天文学者で、ストア派の哲学者〕は、「極北の島」について「マッサリアの哲学者ピュテアスは実際に訪れた」と書いている。それでピュテアスは北へ六日間旅をして世界の果てに到達し、自分で極北の空を観測したと長く言い伝えられている。

ピュテアスが実際に訪れたならば、こんな筋書が考えられる。彼はスコットランド北岸のルイス島から、または、より可能性の高いオークニー島から地元の舟でシェトランド諸島の最北端へ向かい、至点の太陽高度を測定、または、見積もった。見積もるとはおおよその測定をすることに近く――ピュテアスは三キュービットより少ないと記録した。おそらくアンスト島最北端のハーマネスの丘に立ち、岩だらけのマックルフラッガ島やアウトスタック島の先から北を見下ろし、故郷マッサリアの港から途方もない旅をしてきたことを感慨深げに思い起こしただろう。マッサリアの太陽高度は最高で十キュービット以上だが、ここは三キュービットにとどかない。ピュテアスは実に緯度にして十八度もの旅をしてきた。地中海の人間でこれほど北へ来た者はいない。しかも、北の人々から、太陽が眠り海が凍る北の海原の彼方にある極北の島の物語があった。こんなに旅をしても、世界の果てに到達していなかった。彼は丘から降り、そんなことを考えながら今いるスタックホール近くのバラファースの先端の小屋に帰っただろう。幾多の危険や苦難を克服しながらこれほど遠くまできた男が、世界の果てまで六日というところで、天の奇跡を見ずに引き返しただろうか。もちろん、そうではなかった。おそらくピュテアスは、アンスト島からイェール島を経てシェトランド諸島の主島へ南下して基地へ戻っただろう。そこは現在のラーウィックの町に近いクリッキミン湖の島にある外壁で囲まれた集落だった。クリッキミンは発掘調査が行われ、現在は印象深い記念碑になっているが、その壁の複合体は青銅器時代後期から紀元後まで一千年のあいだ建造物があったしるしである。その持続性と相対的な豊かさは恵まれた場所だったおかげであり、後のラーウィックのように、ブレッセイサウンドは東をブレッセイ島に守られた安全な投錨地だった。

ピュテアスはここで旅の終着点まで連れて行ってくれる人たちを見つけたのではないか。この辺りの人々は海に慣れていた。耕作もしたが、海からの収穫がないと生活はかなり厳しかっただろう。考古学調査が行われたクリッキミンの地層からは大量のクジラの骨が発掘されており、浜に打ち上げられたものもあったかもしれないが、捕鯨は生活の一部だっただろう。タラなど深い海に出る漁業もある。舟に関する証拠は発見されていないが、シェトランド諸島には良質の木材がないことから、島民は軟質材と獣皮で舟をつくったのだろう。調査された地層からは、釘や、皮を剥ぐのに必要な掻器《そうき》など幅広い発見があった。

北大西洋を横断するには、これではあまりに不十分だと思えるかも知れないが、海を越えたところではイヌイット〔グリーンランドやカナダの先住民〕がウミアクという獣皮の舟をずっと使ってきた。ウミアクは長さ十～十五メールあり、二トンの重量を運ぶことができ、それには十人から三十人ぐらい必要だが、ウミアクは軽いので二人いれば運べる。両側が高く、底は平らなこの舟は、継ぎ目に獣脂をたっぷり塗っていれば追い風に乗って水面をすべり、ほとんど水は入らない。十九世紀末にアラスカ北西部で捕鯨に従事していたアメリカ人漁師は、操作と耐久性が気に入って木造の捕鯨船ではなくウミアクを使っていた。シェトランド島には三千年もの造船の歴史と伝統があり、島民はアイスランドまで航海可能なくらい安全で頑丈な舟を造ることができたと十分考えられる。初夏のある朝、ピュテアスは地元の船乗りとともにブレッセイサウンド沿いに船出し、六日程度でアイスランド南東部の海岸へ辿り着いただろう。それから東海岸を北進し、北極圏のすぐ内側になるリフスタンギ岬に上陸したのではないだろうか。夏至に到着するようにタイミングを合わせたかもしれない。その後、氷の海を北へ一日進んでから帰路に就いただろう。この旅の全行程は三週間から四週間以内だっただろう。

これは確かに想像上の筋書きである――おとぎ話かもしれない。すなわち、希望的観測の産物だ。とはいえ、確たる証拠に基づくものであり、当時の人々にとってこの程度の旅はオークニーやシェトランドから完璧に技術的に可能な範囲内であって、珍しいことではなかっただろう。ピュテアスによって初めて記録された詳しい極北の様子は科学的にも筋が通り、誰かが観察したことである。そこで、唯一の疑問は、ピュテアスはそれほど遠くへ行きながら風聞で満足したのだろうかという点である。彼は満足しないと言っている。彼の言葉を信じよう。

第七章　琥珀の魔力

ギリシャ神話では、パエトーンは太陽神ヘーリオスと大洋神オーケアノスの娘クリュメネーの息子で、きかん気な少年だった。ある日少年は自分が神の子であることを示そうとして、父の太陽神に四騎立ての火炎の二輪馬車を御して天空を駆け抜けたいと申し出たが、そのすごさに圧倒されパエトーンは気が動転してしまった。狂奔する馬は暴れまわり、地上に近づいたので太陽の熱でなにもかもが炎上し焼き払われた。リビア砂漠（サハラ砂漠）はこのときできた。ゼウス大神は地上のすべてが焼き尽くされるのを見てパエトーンめがけて雷電を撃ち下ろした。少年は瞬時に死に、エーリダノスの川に落ちた。エーリダノスはポー川だともいわれる。彼の姉妹ヘーリアデスたちは、焼け焦げたパエトーンの屍を葬った。エーリダノスの川畔に集まった姉妹はその死を悼んで嘆き悲しんだ。四カ月後に姉妹はポプラの樹と化し、彼女らが流した涙は川底に沈んで琥珀になったという。琥珀は透明な涙の輝きと強烈な太陽の色を併せ持っている。ギリシャ人は「輝くもの」という太陽の通称（エレクター Elector）にちなみ「琥珀金（エレクトラム electrum）」と呼んだ。
ヘロドトスはこの話をまったく認めず、こう述べている。

蛮族がエーリダノスと呼ぶ川があって北へ流れ、海に注ぎ込み、その北の土地から琥珀がとれるという話を私は信用しない。なぜなら、第一に、エーリダノスという名前はギリシャ語であって蛮族の言葉ではなく、詩人から生まれた言葉である。第二に、私は骨折って探したが、ヨーロッパの北端に海があるのを実際に見たという人に出会ったことがない。だが、錫も琥珀も最も遠い場所から来る。

こう言って、慎重なヘロドトスはポー川説に一言も触れずにそれを否定し、一般に信じられているとおり北へ流れる謎に包まれた川であるとの説をとった。エーリダノスとは、ローヌ川かイベリア半島の川ではないかということまでも詳細に論じた。ポー川に運ばれてくる一部の琥珀はアドリア海のエーレクトリデース諸島に打ち上げられると考えられ、他方、琥珀はアドリア海の奥の、人が近づけない岩山に生えている樹々から流れてくるという話も広く浸透していた。もっと風変わりな起源説も種々あった。たとえば、海が荒れてピレネー山脈の岬に打ち上げられるとか、ブリテンの山々から流れ着いた、オオヤマネコの尿が固まったもの、インドの鳥たちが流した涙、宵の明星の娘たちが北大西洋にある神話のヘスペリデス［ヘスペリデスは「黄昏《ヘスペロス》の娘たち」の

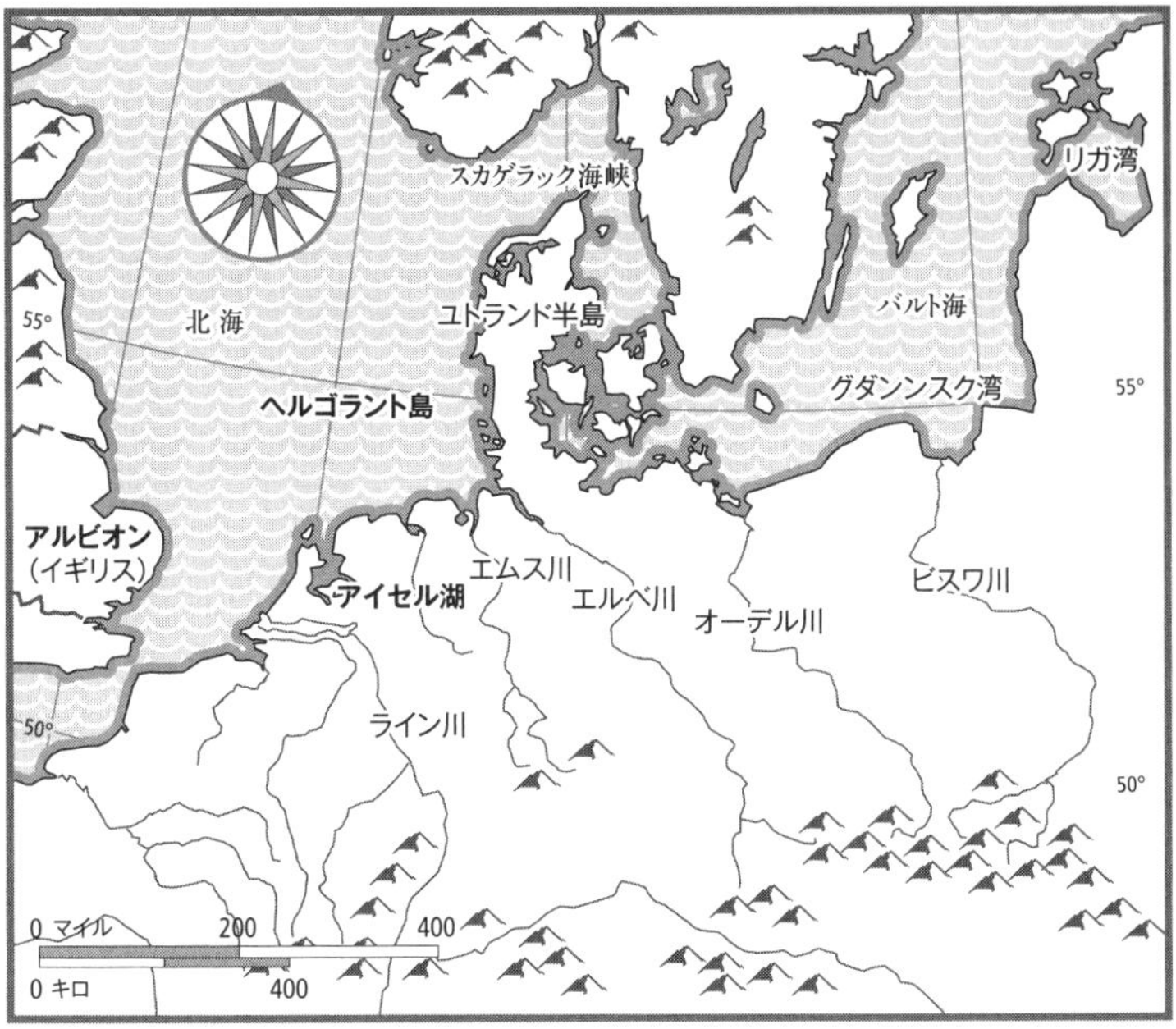

意〕の園の池にたまったポプラの樹液を集めたものであるなど諸説ある。

ギリシャ世界には内容が異なる想像力豊かな神話が数々あり、そこには共通点もある。たとえば、琥珀を化石化した樹脂と考えること、北大西洋との関連性、ポー川流域とアドリア海の奥地で手に入るという特徴があることなどだ。そこには何らかの真実がある。紀元前五世紀にヘロドトスが執筆し始めた頃は、琥珀は北方、ほとんど知られていない北の海の海岸から流れてくることが分かっていた。琥珀は川から川をつたって地中海まで運ばれた。広範な考古学上の証拠から明らかなのは、琥珀はユトランド半島の海岸で産出され、エルベ川と支流のブルタバ川を通って一時的に陸路でドナウ川やイン川に運ばれ、ブレンナー峠を経由してポー川流域へ、あるいは、アドリア海沿岸へ辿り着くというのがもっとも一般的なルートだったことである。もう一つは、バルト海の南東岸が琥珀の産地としてあり、グダンスク湾を起点にビスワ川を通って北ヨーロッパ平原を横切り、スデーティ山地からモラバ川へ出る。そこからアルプスの東側を通りスロベニアを経由してアドリア海に沿うベネチア湾へ出るルートである。はるか昔に琥珀がアドリア海とポー川に結びついていたことがよく分かる。ここを起点に地中海世界へ広がっていったからだ。

代替神話には多少の真実が潜んでいることもある。ジュート琥珀はエルベ川やライン川からソーヌ川へ、さらにローヌ川へと運ばれたが、ヘーラクレースの柱を支配するフェニキア人の交易網を通じて大西洋から地中海地域へ運ばれた琥珀もある。ルートが一つでなかったことがギリシャの豊かな神話のもとになった。

冷徹なヘロドトスが素知らぬふりで無視しようとしたのがそういう空想の世界だった。大プリニウスはあまり寛容でなく、琥珀にまつわる数々の神話について説く前に腹立ちまぎれに読者に心構えを促している。「ギリシャ神話の愚かさをさらけ出すよい機会である。神話のすべてが褒めるに値しないことを知ることは大事なので、読者には辛抱していただきたい」(『博物誌』三七・三一)。ピュテアスもギリシャ神話を知りつつ、科学者としてはヘロドトスと同様に慎重だったはずである。北への旅は自分で琥珀の源泉を探す機会になっただろう。ピュテアスの旅には、錫とともに琥珀の起源を調べるという大きな目的があったのではないか。新石器時代以降、琥珀はヨーロッパの隅々まで張りめぐらされた交易網を通じて集められ、取引や管理が行われてきた。紀元前二千年紀前半になると、その流れは拡大し、大量の琥珀が青銅器時代の首長・貴族たちの埋葬に用いられた。その範囲はギリシャ世界のミュケナイからウェセックス〔イギリス南部地方の古名。ウェスト・サクソンに由来〕の平原にまで広がった。ギリシャではカコバトスの大型トロス式墳墓〔ミュケナイ時代のドーム式墳墓〕やミュケナイの縦穴式墳墓から、数珠玉や、玉と玉を区切る薄い板の琥珀が発見され、また、ウェセックスの墓塚では金の縁どりのある円盤形の琥珀や幾重にもなるネックレスが発見された。イングランド南西部ウィルトシャアのアプトンラベルの女性の墓で見つかったネックレスは見事な出来映えである。

イギリスの青銅器時代の発見の中でも、一八二一年にホーヴの塚から発見された出土品は目を見張る素晴らしさだ。塚は直径六十五メートル、高さ四メートルで当時は聖金曜日に地元の祭りが行われた場所であり、若い男女が塚に集まり「キス遊び（kiss-in-the-ring）」などを楽んだ。現在は何もない。平地にされ、郊外のビクトリア朝の別荘の庭に供されてしまった。一八二一年の発掘調査でオークの棺が発見され、棺の中には腐食した骨の破片と石の斧槌《おのずち》、青銅製ナイフと砥石のほかに赤みの強い琥珀の塊で作られた柄付きカップが入っていた。原型は直径十三センチぐらいあったと思われる丸底のティーカップで、幅広の柄がつき、肩に模様が刻まれた見事な品である。透明感といい、軽さといい、美しい色合いといい、見る者に強い衝撃を与えずにはおかなかった。これほど希少価値のあるものを族長の遺体とともに大地に葬るのは強い信仰の表れだろう。

青銅器時代初期に定着した琥珀の「交易」は延々と続き、交易網を通じて長年の間に大量の琥珀が流れ出た。行き着く先は族長など首長・貴族の墓が多かった。ドナウ川のほとりのホーンブルク城からさほど遠くないホッホミヒェルで発見された紀元前六世紀の墓からは、人骨とともに琥珀の指輪四個、三百五十一個の琥珀の玉がついたネックレス一本が出土した。また、フランスのシャテイヨン・シュル・セーヌに近いヴィクスの裕福な女性の埋葬では、銅の合金でできた細長いひものようなものに円筒形の琥珀の玉を十二個通したブレスレットを身につけていた。ドイツ南部アスペルクに近いグラーフェンビュールの埋葬からは非常に魅力的なものが出土した。墓は荒らされていたが数多くの品々が残っていた。その中に、骨でスフィンクスが刻まれ、顔の部分が琥珀で作られた細工品があった。明らかに地中海地域の細工であり、イタリアで作られたものらしかった。顔の琥珀はバルト海地方からイタリアへ運ばれ、細工を施した後に再びヨーロッパ中西部へ送られたにちがいなかった。この琥珀細工を見ても、当時の交易網の複雑さが知れようというものだ。

＊

琥珀の魅力はいろいろある。変化に富む色合いと透明感から装飾的価値が高い。だが、それだけではない。一種の魔力を秘めている。信じられないほど軽く、こすると静電気を帯びる。これに気づいたのは聖ベーダで、黒玉《こくぎょく》〔英語名はジェット。水中で長い年月を経て化石化した樹木。琥珀は樹脂だが、黒玉は樹木の幹そのものの化石〕のように「こすると発熱し」、「近づけるとものを引き寄せる」と記している。そのため誰からも恐れられ、先史時代のヨーロッパでは力と威信の象徴だっただろう。

プリニウスは、琥珀がローマ世界でどう思われていたかについて述べた。「心を奪われるのは女だけではない」と言ったのだ。琥珀には数種類あった。

黄褐色のものが貴重品である。その上に透明感があり、色がきつすぎないものはさらに価値が上がる。柔らかい色合いのものが良いとされている。最高品質の琥珀は「ファラーニアン」〔イタリアのカンパニア地方産のワイン〕と呼ばれる。このワインの色によく似ているからだ。最高の琥珀は透明で、ほのかな輝きを発する……その色合いはまるでハチミツのようにまろやかで、煮沸すると色が褪せる。(『博物誌』三七・四七)

プリニウスによれば、白っぽい琥珀は、価値は劣るが香りが良く、女性は手のひらに握って香りを楽しんだ。

プリニウスは聖ベーダと同様、琥珀が静電気を帯びることに興味を示し「琥珀を指でこすると熱い気が出て、ワラや木の葉を引きつける。磁石が鉄を引き寄せるのと同じである」と言った。彼の説明によれば、琥珀や磁石の前では空気が「熱気」と入れ替わって真空が生まれ、軽いものや鉄が吸い込まれる。十七世紀のイギリス人物理学者ウィリアム・ギルバート（一五四四〜一六〇三）はこの理論を発展させて『磁石論』（一六〇〇年）で「電気（エレクトリシティ）」という新語を使った。琥珀のギリシャ名「エレクトラム」からきている。

一世紀になると、琥珀の産地は北海沿岸であることが知れ渡るようになり、プリニウスは琥珀の性質について次のようにほぼ正確に説明している。

琥珀は松などの樹の内部から滲み出る樹液が固まったもので、サクラや松の樹脂が多すぎて溢れ出たものと同じである。滲み出た液は寒気や、おそらく常温でも固まり、また、大潮のとき島々から運ばれて海の中で固まる。いずれにせよ、琥珀は海底に沈むことなく海中をさまようごとく洗い流され、海岸に打ち上げられる。（『博物誌』一一・四二）

プリニウスの確かな描写にもう少し細かい筆を加えてみよう。「琥珀の森」は四千万年から五千万年前の始新世〔新生代第三紀の古い方から二番目の少区分〕に、現在のスカンディナビアとフィンランド全体を包み込むフェノスカディア楯状地という大陸の南端でできた。概して温暖な森林で、場所によってはかなり暖かく、亜熱帯性の植物も生育していた。松のように樹液の多い樹が茂っていた。頻繁に発生した嵐とともに虫や寄生植物が樹木の生長を阻害して樹液が流れ出た。通常の大気の状態ならば樹液は枯れた草木とともに分解するが、樹液は固まって琥珀となり、嵐や川の洪水によって河口へ運ばれてすぐ沈殿物に覆われた。そのまま空気に触れず、腐らずに化石化して始新世の地質に埋まった。数百万年後、歳月の重みと氷河期の氷の重みでぎっしり密に固まった堆積物中の琥珀は、氷が溶けるとともに浮き上がった。川の流れが堆積物に妨げられ、大昔にたまった琥珀が浮き上がってきて再び海に流された。琥珀は軽いので、塊は海に浮かんだまま岸に打ち上げられ、現代のプラスチック容器のように波打ち際や海岸近くの洞穴や入江にたまった。琥珀はそういう場所で集められた。川岸や川底に露出した琥珀は切り出された。

琥珀には二大産地がある。一つはジュート琥珀で、ユトランド半島西側の沿岸一帯およびエルベ川とウェーザー川、エムス川河口を含むドイツ北部のシュレスウィッヒ・ホルシュタイン州からオランダ北岸にかかる地域である。もう一つはバルト海琥珀で、オーデル川河口からグダンスク湾までのバルト海南側、および、カリーニングラードからサムランド半島を経てリガ湾へ続くバルト海東側である。先史時代にはジュート琥珀が大がかりに開発されたらしいが、ローマ時代にはバルト海の琥珀が重要な資源だった。プリニウスは、ネロ皇帝時代に、剣闘士の闘技場を飾る多量の琥珀を得るため、カルヌントゥム〔ウィーンから約五十キロ下流のドナウ川沿いにあった古代ローマの軍事拠点〕から兵士が北の砦、あるいは、モラバ川を経由して三百七十キロ離れたバルト海へ派遣された顚末を述べた。兵士は首尾よく大量の琥珀を持ち帰り、中には五キロもある琥珀があった。兵士の功労のおかげで野獣を仕切る網にまで琥珀がちりばめられた。

十二世紀初頭にはユトランドは産地としての経済価値が下がり、カリーニングラードに近いサムランドが世界の琥珀供給量の八十八パーセントを占めた。

ピュテアスと琥珀交易との関連では、紀元前四世紀にはどちらが産地だったのだろう。ジュート琥珀だったのだろうか。バルト海琥珀だったのだろうか。デンマークの青銅器時代の豊かさを考えると、ユトランド半島と周辺諸島の集落は、南の青銅の産地との交易を通じて大量の青銅を手に入れることができた。デンマークは銅も錫も出ないので何もかも輸入に頼り、ジュート琥珀が代金の一部だったにちがいない。しかし、一世紀に地中海地域の需要に応えていたのはバルト海南部と東部の埋蔵だった。だから、紀元前七〇〇年から前一〇〇年までにジュート産が衰退してバルト海産が盛んになった。ジュート産からバルト海産への移行はゆっくり進行したのだろうが、紀元前五世紀にモラビアを通ってアルプスの東側を迂回する東ルートは使われており、ルートを支配するスロベニアの首長・貴族は埋葬に琥珀を贅沢に用いていた。化学分析では、エトルリア人はこの時代にバルト海のものを多少とも手に入れていたことを示している。総じて、ピュテアスが訪れたのは、ユトランドからの供給が衰退し始めた頃だったことを証拠は暗示しているようだ。ことによると、一つに、自分でそれを確かめたかったのかもしれない。

＊

オークニーとシェトランド、アイスランドを訪れただろう後、ピュテアスはどこへ行ったのか。一つの可能性は、ブリテン島東岸から島の南東の角のカンティオンへ南下し、途中でハンバー川河口を探検して、ヨークウォルズやヨークムアーズの住民がチャリオットによる埋葬の習慣をもっていることを知ったというものだ。ウェクティス（ワイト島）を見、アシャントへ出て帰路に就く前に、彼はカンティオン、またはテームズ川の河口で、東に琥珀が出る海岸や島々があるという話を耳にしたかもしれない。これは最低限の説明だが、ほとんど分かっていないのでこの程度しか言えない。

ほかにも二つコースが考えられる。ブリテン東岸を下ってカンティオンへ出て、そこから大陸へ渡り、陸路ユトランド半島へ行って琥珀の産地を視察した。あるいは、イーストアングリア（イングランド東部）から北海を横切ってオランダへ出ることも可能である。この場合には海を百二十海里〔約二百二十キロ〕横断する必要があるだろう。さらに難コースだが、オークニー島から北海を横断してまっすぐスカゲラック海峡――ノルウェーの南端とユトランド半島北端の間の大きな入海――まで航海し、現在のイェーテボリに当たるスウェーデン東岸に到達する過酷なルートを取ったという見方もされる。ここから南へ航海してバルト海へ入り、オーデル川河口周辺部の琥珀の海岸を訪れたという見方も時々ある。

だから、三通りの可能性がある。ピュテアスは琥珀が採れる海岸のことを人づてに聞いただけか、ユトランド半島西部を訪れたか、バルト海西部に入って探検したか、である。

琥珀の産地に関するピュテアスの報告がプリニウスの『博物誌』に使用されているが、意外にもストラボンには使われていない。プリニウスは『博物誌』第四巻の冒頭でその巻のあらましについて述べ、とくに「ガリアの海」にある九十六の島々についてピュテアスを資料の一部に使用していると述べている。同巻の後半では北の海を取り上げ、この辺りには島が多くほとんどが無名であると述べている。その一つでバウノニア（Baunonia）と呼ばれる島は、

　スキュティアから一日の航海のところにあり、春には琥珀が波に打ち上げられる――ティマイオスが述べたように……ランプサクス*のクセノフォン**は、スキュティアから沖へ三日の航海のところに巨大な島バルキア（Balcia）があると詳述している。ピュテアスはこの島をバシリア（Basilia）と呼んでいる（『博物誌』四・九四～五）。

プリニウスは『博物誌』第三十七巻で再び琥珀について述べている。

ピュテアスによれば、メトゥオニス（Metuonis）という幅六千スタディア（約千百キロ）の入江があり、ゲルマン人のグイオネース族が住んでいる。アバルス島（Abalus）はここから一日の航

海で、春になると氷の海から（琥珀が）波に打ち上げられる。住民は琥珀を火にくべて燃やし、また、近隣のテウトニー族に売る。ティマイオスも（ピュテアスを）信用し、この島をバシリアと呼んだ。（『博物誌』三七・三五～三六）

ここには確かに混乱があるが、同じ資料の一部が、おそらく謝辞なしにピュテアスから引用され、ディオドロス・シクルスによって繰り返されている。

ガラティアの上にあるスキュティアの沖に島があり、バシレイア（Basileia）と呼ばれている。島には多量の琥珀が波に打ち上げられている。人が住む世界ではここ以外にはないらしい……琥珀は拾い集められ……島民に本土へ運ばれ、我々の地域へ運ばれてくる。（『歴史叢書』五・二三・一）

よくあることだが、異なる専門用語の使用で地理は混乱する。ピュテアスの時代にはヨーロッパ大陸に二つの蛮族がいた。ケルトと東のスキタイである。ヨーロッパの北洋沿岸を北東に航海

＊ランプサクスは小アジア北西部ミュシアにあった古代ギリシャ植民市。
＊＊クセノフォン　紀元前四二六頃～前三五五頃。古代ギリシャの軍人、歴史家。著書に『アナバシス』がある。

するとケルト人の土地からスキタイ人の土地へ出るということになる。ディオドロスはもっと細かく、ケルティケーとスキュティアの間にガラティア〔小アジア北東部。前一八九年にローマの属州になってからは南部諸地域を含む広い地方名となる〕を入れた。ディオドロスによればライン川とローヌ川、ドナウ川はガラティアを流れる。この地理には明らかに問題があるが、ガラティアとライン川を結びつけたということは、おぼろげに現在のベルギーとオランダに当たる地域のことを指していたのだろう。

プリニウスは『博物誌』第四巻で経験的知識に基づき「スキタイ人の海岸」と書いているが、第三十七巻ではゲルマン人の土地と書いている。ライン川の北側に住むゲルマン諸部族についてはユリウス・カエサルの『ガリア戦記』と、後にエルベ川以東へも進出したアウグストゥスとティベリウスの遠征によって広く知られるようになった。プリニウスは最新資料を使って書いているはずだが、第四巻の情報源に使われている古めかしい地理を修正しようとしないところが不思議である。よく分からない北方沿岸地域には興味がなかっただけかも知れない。一世紀末にタキトゥスが記しているとおり、地中海の船がそういう北方の土地へ航海することはめったになかった。「あるのはおぞましさだけで、厳しい季節は一年中和らぐことはない。文化がなく、寒々とした光景ばかり」の土地へ行こうとする者はいなかった。

ピュテアスの記述で顕著なのは、メトゥオニス（Metuonis）と呼ばれる広い入江と、さまざまな名前をもつ沖の島々である。プリニウスが入江に用いている語〈アエストゥアリウム

(aestuarium)〉はふつう河口やデルタ地帯の意味に使われる。そこは砂洲や干潟であり、潮が引くと地面が現れ、潮がとどかないところは湿地になっている。真水と海水が混ざり合い、陸地と海の境界がはっきりせず、陸地になったり海になったりを繰り返す。プリニウスの記述の難点は「入江」の幅で、六千スタディア、すなわち約千百キロであるという。これは一つの入江にすれば途方もない長さだが、ピュテアスがバルト海の西端のことをいっているとすれば考えられなくもないとする説もある。数字は転記ミスなのか、あるいは、ピュテアスが一日の航海の距離を誤った結果なのか、どちらにしても誤りだろう。後者をとるとしても「入江」はそれでも約八百キロと広くならざるを得ない。

それでは、メトゥオニスという入江はどこだろう。いちばん簡単な答えは、ダンケルク周辺からユトランド半島の先端までの北海（North Sea）〔グレートブリテン島とヨーロッパ本土の間の大西洋の付属海〕沿岸一帯でマース川〔フランス北部からベルギーを通りオランダで北海に注ぐ〕とライン川、エムス川、ウェーザー川、エルベ川のすべての河口がこの範囲に入る。砂洲や湿地や広い入江などを含むとらえどころのない海岸の範囲は最長千二百キロになる。最も内側の部分、すなわちアムステルダム近くのアイセル湖〔オランダ北部の淡水湖〕からユトランド半島北部のヤマボクトまでは約七百キロである。ヘルゴランド湾の南側と西側を挟んでエムス川とウェーザー川、エルベ川河口とオランダ北部、シュレスウィヒホルシュタイン、ユトランドの全体が中に入る。ピュテアス、または、彼の情報提供者がどの地点から大陸に渡ったとしても——狭くはケントからダンケルク付近、広くはイーストアングリアからアイセル湖――ユトランド半島の先端までは数多くの川が注ぎ込む果てしない長さの入江のようで、海は河口に砂洲の防壁を築いて封鎖しようとはかる。とても行きたくなるような風景ではなかった。

どこかの沖に一ないし複数の島があって琥珀が取れた。これに関して文献にはさらに混乱がある。プリニウスには矛盾する記述が三カ所ある。一カ所は、ティマイオスはバウノニアと呼び、本土から一日の航海で着くと述べている。二カ所目は、クセノフォンはバルキアと呼び（だが、ピュテアスはバシリア）三日の航海であると述べ、三カ所目は、ピュテアスはアバルスと呼び（ティマイオスはバシリア）本土から一日であるとなっている。ディオドロスの記述もほぼ同じだが、スペルがバシレイアになっている。支離滅裂に見える箇所について、最も簡単な説明は、クセノフォンのバルキアをティマイオスがバシリアと呼んだとプリニウスが言い間違えたと仮定することである。こうなった理由について、機転の利くある学者は、ラテン語の文献をピュテアスはアバルム（abalum）と読み、ティマイオスはバシリアム（Basiliam）と読んだのではないかと考えた。すなわちピュテアスはアバルス、ティマイオスはバシリアであり、どこかの段階で真ん中の二語が省略されたのではないかと論じている。この説は問題をすっきり解決しようとして考えすぎではないかと思えるが、同時に、古典の文献は見かけでは分からないということの警告でもある。

訂正を認めるならば、ピュテアスがアバルスだとした琥珀の島はバシリアともバルキアともバシレイアとも、またバウノニアとも呼ばれていた。アバルスという名前はケルト語の〈Aball〉

（Appleりんご）からきているのだろうが、なぜ島にこの名前がついたかはよく分からない。二番目はギリシャ語で〈royal（王の）〉を意味する形容詞バシレイアであることにほぼ間違いない。島に二つの名前がある理由の説明になるかも知れない。つまり、一つはこの土地で使われていたケルト語名で、もう一つはギリシャ人が名付けた名前で、位の高さを反映している。王が支配する島だった。

この辺りにグイオネース族が住むとピュテアスが述べていることや、近隣のテウトニー族については、両部族が現在のユトランド半島の一画を占領していたこと以外に役に立つ言及はほとんどない。

〈アバルス／バシリア〉の正確な場所が活発な議論の対象になった。クセノフォンは、広大な土地で本土から三日であるとし、他の者たちは、広さについては明言していないが、一日の航海であることについては同意見である。ヘルゴラント島〔ドイツ北西岸の沖にあり、北海の北フリージア諸島の島〕は本土から五十キロで距離は一致するが、広さはまったく異なる。この島はオランダとドイツの北岸を守る西フリージア諸島と東フリージア諸島、およびユトランド半島の東岸にある北フリージア諸島など長く、飛び飛びにある沿岸の防壁から遠く、オランダやユトランド半島の危険な海岸との関係では絶妙な位置にある。ヘルゴランド湾に入り、ウェーザー川やエルベ川の河口へ進もうとする者は、ヘルゴランド島を示準点にするだろう。幅が僅か一キロで、ほとんど目立たない島だが、高さ六十メートルの赤い岸壁は難所では判別しやすく、確実な目印になる。

こういう場所は沖の交易拠点になっただろう。

プリニウスとディオドロスは、周辺の部族が琥珀を貴重と思わずに燃やしてしまうということ以外はあまり語っていない。これは興味深い観察である。大量の琥珀を燃やして豚を焼いたり、家を暖めたりしたのだろう。よく似ているが、儀式で燃やすという解釈もあり、天空を支配する神々に琥珀をお返しして宥める行為であろうか。ギリシャ神話における琥珀と太陽の関係が多少これを裏づけているかも知れない。

*

この一片の観察、およびプリニウスが記録する名前以外には住民については不明だが、考古学は空白を埋めるのに大きく貢献した。この地域が荒れ地や湿地だったことが幸いして数々の集落の跡が残されていた。ライン川／マース川からユトランド半島の先端までの全域で集落にかなりの類似性がありそうだということと、紀元前一千年紀から紀元後にかけてのかなり長期間、社会も経済も安定していたことが分かってきた。

ユトランド半島西部のグルントフトは集中的に発掘調査が行われた場所である。ある村は紀元前五〇〇年にでき、前三〇〇年のある時期を境に命を終えた跡を辿ることができた。およそ三百年に亘る村の歴史では、村の場所が一定の範囲の中を移動していた。どの時期にも十二軒ほどの農家が柵を巡らせた囲い地の中で集落をつくっていたが、村はしばしば再建されていたので、全体で二百五十戸の住居を調査することになった。典型的な農家は幅五〜六メートル、最大二十メートルの長さの長方形だった。屋根を支えていたのは二列に並ぶ廊下柱で、壁は泥壁か垂直な柱だった。一般的に屋内は通路で分断され、一方は家族が生活する場所、他方は牛舎だった。紀元前三世紀のある時期、村には家屋が十二戸あり、五戸には八頭から十八頭の牛がいた。二戸では牛はもっと少なく三、四頭で、三戸には一頭もいなかった。この時代の村から出土した発見を総合的に分析すると、この村には八〜十家族が暮らし（人数では五十人程度）、七十頭から八十頭の牛を飼っていた。簡素だが、安定した生活のようだった。村の周辺部の畑からは主に麦や大麦がとれ、牛がいるのでつねに牛乳とチーズがあった。牛を屠殺したときは肉が食べられ、皮は売りに出されてなにがしかの収入になっただろう。細長い沿岸地域は大部分が湿地で、海面の変位次第では洪水になった。海面が低い時期には乾いた土地で牧草を育てた。エムス川河口では、川の近くに二〜三キロごとに農家の集落が発見された。典型的な例であるブームボルク・ハツムでは、広場を囲んで農家が六戸、それぞれ屋外にトイレと穀物倉庫があり、屋内は三つに仕切られていた。集落は湿地の上に造られ、紀元前三世紀には海面が高くなって洪水に見舞われたため、住民は村を捨てて内陸のもっと乾燥した土地に移動した。移動先の土地は砂が多く、あまり肥沃ではなかった。

海岸付近一帯は洪水という不安定要素はあったが、全体的には農業と牧畜業が定着し、経済的にも社会的にも安定していたと考えられる。際立つのは、大きな貧富の差がなかったことだ。村には村長がいただろうが、強権力をもつ首長・貴族の存在や、武勇を示すために建物に凝る必要があったことを示す証拠はほとんどない。イギリスの同時代の社会とは著しい対照だった。

ピュテアスはそういうことに気がついただろうか。たぶん気づかなかっただろう。危険な海岸線や海から本土へは近づきにくいので、商人は琥珀が売られていたアバルス／バシリア島から先には行かなかっただろう。イクティスが錫の島であるように、アバルスは琥珀の島だった。沿岸の住民は農閑期になると川岸や海岸で琥珀を拾い集め、わずかな外界の贅沢を期待して琥珀を交換した。ある者はアバルス島での取引で終わり、ある者は近隣の者たちと交換して大きな川を伝ってヨーロッパ南部に到達する交易網を築いた。ブリテンから商売に来る者は島より遠くへ足を伸ばす必要がなかっただろう。島より遠い湿地の本土は相変わらず「未知の土地」だった。

ピュテアスは、もちろん、ブリテン東部の港の宿で琥珀の島のことを聞きつけただろう。彼は自分で島を見たと断言してはいないが、カンティオンあたりから出る交易船に乗り込めば楽に実行できただろう。早々に海峡を渡ってベルギー沿岸に到達し、そこからオランダ沿岸に沿って北へ約五百キロ進み、やがて長く連なるフリージア諸島が見えてくると四、五日後にアバルス島に到着する。おそらくヘルゴランド島だったろう。

ピュテアスは世界の果てに到達し、今や錫と琥珀の産地も発見していた。大西洋の探検は遂げられた。故郷へ戻る時だった。

帰路はブリテン島の南岸を通り、ベレリオンの出発点を目指す途中でワイト島を眺め、彼が言及した島の周航を果たした。ベレリオンからは、もう様子をよく知るアルモリカへの帰り道だった。ストラボンが記したとおり、この海路を取ると「カンティオンはケルティケーから数日の航海である」とピュテアスが述べた理由が分かりやすい。

アルモリカからは一カ月以内にマッサリアに帰り着くことができただろう。

第八章　忘却へ

ナルボからマッサリアまでの最後の短い旅の間に、いろいろなことがピュテアスの脳裡に浮かんだだろう。見慣れたギリシャ商船で静かな地中海を航海するのは、大西洋の風変わりな小舟や、想像を絶する荒海に比べてなんと穏やかなことか。急速にもとの生活に戻ることを実感したことだろう。ピュテアスの人となりはほとんど分かっていないので、船がマッサリアに近づいたとき彼が何を思ったか推し量ることはできない。未知の土地から帰ってきた恐れを知らぬ旅人として注目を集め、マッサリア市から山のような褒美がもらえることを期待したのか。それとも、謙虚な学者として世界の果てを見届けたことに満足し、遠い土地や異郷の民の話を聞かせたら皆がどんな反応を示すだろうと思いめぐらしていたのか。歓迎されたのだろうか、それとも、人知れず帰郷したのだろうか。それは所詮わからない。ピュテアスが何を携えて帰ったのかもわからない。琥珀や錫の塊を袋に詰め、毛皮を何枚も引きさげて帰って来たのだろうか。それとも、あの大きな入江を思い出させる小さな琥珀の塊を握りしめ、親切なベレリオンの商人の記念に錫の塊を机に置いていたのかどうか。だが、ピュテアスが知識を持ち帰ったことだけは確かである――緻密な観察を注意深く記録にとどめ、そして世界に対する見方を一新した。

ピュテアスが発見したことの多くは、すぐにマッサリアの人々に役立ったはずである。紀元前四世紀にはローマが勃興し、新しい世界秩序が地中海を掌握し始めていた。支配拡大のためにはより多くの資源と人手が必要になる。ローマ勢力がイタリア全土に拡大するにつれて新しい市場が生まれ、資源が流れ込んだ。ローマ経済は活動範囲を地中海の西側へ拡大する必要があり、マッサリアなどリヨン湾に面するギリシャ諸都市と友好関係を築くことが益々重要になった。ローマとマッサリアの通商関係は紀元前三九〇年に結ばれた条約で活発だった。マッサリアは貿易港なのであらゆる商品が取引された。地中海地域の需要拡大につれて陸路で奥地との取引を活発化させることが重要になった。オード川－ガロンヌ川ルートやその先にある錫の産地へ直結する航路を知り抜いていたピュテアスは、交通網を伝え、開発が進んでルートが整うことを期待した。以後大西洋へ抜けるルートは西地中海経済に一段と重要な役割を果たした。

ピュテアスの探検の背後には確かに商業的動機があったはずだが、他方で、何よりも科学者として、慎重なヘロドトスなど先人が提起した疑問や不確かな点に対する答えを求めて世界の果てまで赴いた。ピュテアスの著書『大洋について』の性格を分析する限り、この書は自らの手で集めた広範囲のデータ集成といえる。作風は紀元前四世紀半ばのクニドスのエウドクソスやポントスのヘラクレイデス〔紀元前三九〇頃～没年不詳。古代ギリシャの天文学者、哲学者。地球の自転を唱えた〕、アリストテレスの作品に近く、紀元前四世紀の最後の二、三十年に登場した、やや後の時代の理論的文体ではない。このことから、ピュテアスの旅は紀元前三五〇年前後だったとする学者もいるが、アリストテレスの著作活動は紀元前三三五年〜前三二三年で、彼は『大洋について』を引用していない。ピュテアスの著書を知っていたら必ず資料に使ったはずだと主張する学者もいる。もちろん最初から広範囲には広がらないであろうし、アリストテレスの生存中に地中海東部では知られていなかったかも知れないが、ピュテアスが持ち帰った知識の目新しさといい、地中海に網羅された海運網といい、アテネに知識が届くのに時間がかかったとは思えない。最初にピュテアスを引用したのはアリストテレスの弟子のディカイアルコスで、この人は紀元前三二六年〜前二九六年の間に活躍した。すべてを総合すると、『大洋について』は紀元前三二〇年頃までは広く知られていなかったと考えられる。ただし、本はその少し前に書かれた可能性があり、新発見の知識を執筆するまでしばらく時間がかかったのかも知れない。

『大洋について』はどんな本だったのだろう。残存している断片から判断すると、主に天文学と海洋、大西洋に面したヨーロッパ北西部に関する一般的な科学書だった。そこまでは合理的に判断できるが、構成については明言できない。かすかな手がかりが一つある。四世紀にアポロニオスの注釈者として無名の作家が書いた本から婉曲に察することができる。この作家は文法学者であり、紀元前二世紀にロードスのアポロニオスが著した英雄叙事詩『アルゴナウティカ』について一世紀から二世紀に編集された注釈の案内書を書いた。アポロニオスはピュテアスの知識を集めていて、別の書物を通じて間接的に知り得たらしい。だから、残存している断片は七百年という歳月のあいだに四人の手を経てきたもので、どうしても支離滅裂なところがある。古典注釈者は、シチリア島の北にある火山性のエオーリエ諸島〔リパリ諸島とも。ティレニア海にある火山島群〕について簡単に触れ「ピュテアスはこれらについて『世界一周』の説明の中で海が煮え立つと述べている」とつけ加えている。

これでは推測しようにもなかなか難しい。『世界一周』という書名は紀元前四世紀にありきたりの表題であり、ピュテアスが本を二冊書いたのではなく『大洋について』の誤りだろう。ピュテアスがエオーリエ諸島周辺の海底火山活動について書いたということがまずおかしいのだが、『大洋について』の中で海について述べるとき、ピュテアスが北の凍った海と地中海の熱く煮え立つ海を比べたと言えばもっともらしく聞こえるだろうか。言い換えれば、ピュテアスは北で観察したことを大きく理論的に捉え、ありふれた世界と対比することで相違を際だたせた。アイスランドの火山、あるいはブリテンの温泉について述べているのではないかと推測する者もなくはないが、不必要なこじつけである。

『大洋について』は、ピュテアスとほぼ同時代の二人、メッセネのディカイアルコスとタウロメニウムのティマイオスに熟知されていた。ディカイアルコスは地理学者だが天文学に特別な興味を持ち、ティマイオスは歴史家で生地シチリアの歴史を書いた。ティマイオスはシチリア島の西岸にある主要都市タウロメニウムの支配者の息子だったが、ライバルであるシラクサの支配者アガトクレスにシチリアから追放され、アテネで暮らすようになった。詳しい年代は不明だが、彼は紀元前三三〇年頃シチリアを去り、前二八〇年頃にはアテネで活躍していた。だから活動時期が紀元前三二六年から前二九六年までのディカイアルコスとまさに同時代の人だったといえる。この二人の学者に出会いがないわけがない。アテネの特権社会はわりに世界が狭く、二人はしばしば会って共通の関心事について議論し、情報を交換し合っただろう。ティマイオスはシチリアや西地中海の情報源とパイプを維持していたと考えられ、ピュテアスの本をアテネに紹介したのはティマイオスではないかという点に特に興味をそそられる。いずれにせよ、この二人は自作に『大洋について』を使用した。

＊

ディカイアルコスは地理書『世界一周』の中で、世界を球と仮定し、ロードス島を通過する中心緯度を用い、知られている範囲の世界を地図にした。人が住む世界はナイル川のほとりのメロエの南からほぼ北極圏まで、距離にして四万スタディアであると考えた。そんなに北でも人間が暮らしていると考えることは通念を捨てることであり、ストラボンは「ディカイアルコスでさえ」ピュテアスの北方地域の話を信用したと述べており、彼はピュテアスを信用したのだろう。『世界一周』は残っていないので別人が書いたものに頼らなければならない。

ティマイオスの『歴史』にも同じことが言える。キケロはティマイオスの書物を読み、プリニウスは引用した。シチリア生まれのギリシャ人ティマイオスは、西地中海のギリシャ人の功績を力説してアテネと釣り合いを取ろうとし、熱心にピュテアスなどの功績を称えた。プリニウスは『博物誌』を書く際にティマイオスの本からブリテンと北海の琥珀の産地の知識を得、また、後世のシチリアの歴史家ディオドロスもティマイオスの本を資料にしたが、プリニウスとちがって出典を明らかにしていない。

紀元前三世紀初めの二十五年間が終わる頃『大洋について』は地中海世界全域に知られ、すでに天文学や人類学の知識の源泉として使われるようになっていた。これは幅二十センチほどのパピルスの巻紙に書かれ、両端に木の棒がついていて巻かれてあった。要望があると筆写された（その際に誤記があり得る）。古代の本の売買についてはよく分かっていないが、ギリシャ語文献をいろいろ寄せ集めてみると僅かに明らかになってきた。喜劇作家エウポリス〔生没年不詳。古代ギリシャ、アッティカ古喜劇三大作家の一人〕が作品を書いたのは紀元前五世紀で、アテネの広場《アゴラ》の片隅に本を売る場所が設けてあった。ということは、良く売れる本の筆写を生業とする人間がいたのかも知れない。本を書いた当人も写本を作って友人たちに配った。初めは『大洋について』もこんなふうに出回ったのだろう。ピュテアスは自分と支援者のすごい発見に関心を寄せる人たちのためにマッサリアで写本を作成しただろう。そこで偶然に一巻がシチリアのギリシャの港にとどき、それがティマイオスの知人の目にとまって写本が作られ、ティマイオスに送られた。そんな風にして『大洋について』は紀元前三〇〇年にはアテネに到達していた。

本はアテネで評判になり、ディカイアルコスやティマイオスはこれを資料にして本を書いた。ソクラテスはちょうどそんな場面を描いている〔歴史家クセノフォンによる引用〕。「私は友人たちと巻物を解き、古代の識者が書物として後世に残した宝をひもとく。何かいいことがあったら引用する」と。学者たちは昔の書物の〈編集〉までした。プルタルコスは青年アルキビアデスのことを次のように語っている。アルキビアデスがホメロスの写本を手に入れたくて教師たちに近寄ると、一人が写本を持っていると言った。アルキビアデスは自分で写本を修正してしまった。アテネでは、少なくとも教育を受けた階級の者たちにはみな蔵書があったようだ。アリストファネス〔紀元前四四五頃～前三八五頃。アッティカ古喜劇三大作家の一人〕は『蛙』の中で「誰でも本を持っている」とおおざっぱに述べた後で、蔵書の多いエウリピデス〔紀元前四八五頃～前四〇六頃。ギリシャ三大悲劇作家の一人〕をからかっている。エウテュデモスという若い学者は有名なソフィストの本を集めていたというが、私有の図書館には好きな本だけを集めたものもあった。だが、当時最も有名なのはアリストテレスがアテネの学園に作った図書館だった。紀元前四世紀末、アレキサンダー大王の死後権力の座についたヘレニズム時代の支配者たちは、アテネの学園の図書館を模倣して図書館を建てた。紀元前四世紀末という年代はおおまかにピュテアスの航海と偶然に一致する。

紀元前二九五年頃プトレマイオス一世〔エジプト王。アレキサンダー大王の武将で、大王の死後エジプトでプトレマイオス朝を開いた」が建造した博物館の付属図書館は最大の威容を誇っていた。博物館といっても、現代の博物館とはだいぶ趣がちがい、美術工芸品を保管する場所ではなく、学者が芸術を司る神々と交わる場所だった。いわば学者が国家の支援を受けて腕を磨ける研究センターであって、プトレマイオス朝の支配層は教養があったので学者は幅広い支援を受けた。驚くなかれ、支配層の有様を見た者が「博物館という鶏篭《とやかご》の中で際限なく喧嘩する肥えた鶏」と言ったそうである。

アレキサンドリアの博物館と図書館は、アテネのプラトンやアリストテレスの学園がモデルだった。アリストテレスの弟子ファレロンのデメトリオスがプトレマイオス一世に進言したのである。この図書館はまもなく世界最大の図書館になる。蔵書の数について見方は分かれるが、一般的にはおよそ五十万巻だったと考えられている。図書目録が百二十巻に達したらしいので、それくらいの規模の蔵書だったのではないだろうか。

プトレマイオス朝歴代の王はギリシャ全土に使者を派遣してこれだけの規模の蔵書を集めた。プトレマイオス三世の治世にアイスキュロス、ソフォクレス、エウリピデスの三大悲劇作家の主要作品が収められ、プトレマイオス四世はホメロスに執着した。プトレマイオス三世は、図書館長エラトステネスの助言を受けた。エラトステネスは独創的な学者でもあり、紀元前三世紀半ばに地理学で最盛期の業績を残した。彼の地理学はピュテアスが行った観察に重きを置いていた。当時『大洋について』が図書館に並んでいたのではないだろうか。アレキサンドリア図書館の偉大きさは全てを網羅していること、同一の文献でさまざまな版が収められていたことで、学者たちには古典の収集や編集がしやすく、また、図書館を自由に利用できる人たちは、記録にある限り、研究に必要なあらゆる発見や事実を拾い出すことができた。やや後に、現在のトルコ西部に当たるペルガモン王国のアッタロス朝の首都ペルガモンに図書館ができた。紀元前三世紀末にアッタロス一世が創始し、息子のエウメネス二世が完成した。この図書館もアテネの学園がモデルとされ、アレキサンドリアほどの規模はなかったにせよ、蔵書は二十万巻あったという。図書館は小高い丘の頂上付近にあり、眼下には滝のように流れ落ちる町並みが見えた。近くには学問の神アテナ女神の神殿があって絶好の場所だった。この一帯は発掘調査が行われ、図書館の五室が出土している。一室は保存状態が良く、本が並べられていた張り出し棚の壁の穴がよく分かる。五部屋には約十七万巻が収められていたと推定され、古代の記録から判明する数字から蔵書のおおその数がわかるほか、他の部屋についても調査されることになっている。

アッタロス朝は熱心な本の蒐集家だった。彼らは小アジア北西部アケプシスにアリストテレスの図書館のような立派な図書館が欲しいと考えたため、本の所有者たちは本を地下に隠してしまった。湿気の多い地下で本はぼろぼろになり、元どおりにはならなかった。アッタロス朝の飽くなき蒐集のために市場には偽物が出回った。

アレキサンドリアとペルガモンの図書館は互いに張り合うようになった。プトレマイオス五世がペルガモンの邪魔をしようとしてパピルス紙の輸出を差し止めると、危機的な状況になった。

パピルス紙を供給できるのはエジプトだけだったので、ペルガモンにとってはただならぬ事態となった。だが、エウメネス二世は、負けられないと、イオニアのギリシャ人に伝わる長い伝統を採用した。パピルスの代わりに羊の皮を保存処理して硬くしたものを使ったのである。この新しい「ペルガモン紙」は羊皮紙と呼ばれる。費用もかかるが、皮を使うことの大きな欠点はかさ張って巻物にならないことだった。かわりに一枚一枚端を縫い合わせてページ付の本や写本ができた。こういう本は扱いにくいパピルス紙よりも読みやすく、探しやすいので、まもなく劇的な変化が起こった。

紀元前二世紀末にペルガモン王国はローマの支配下となった。大図書館はその後数百年間命を長らえたが、マルク・アントニオはプトレマイオス朝最後の女王クレオパトラへの贈物として全蔵書をアレキサンドリアへ送った。その数年前の紀元前四七年にカエサルとポンペイウスが戦ったとき、アレキサンドリアの蔵書の一部が灰になったことからその埋め合わせの意味もあった。ペルガモンの図書館には早くからセラピス神殿とつながりのある姉妹関係の蔵書が補足として存在した。紀元二七〇年初めに大図書館のあった宮殿地区が破壊され、図書館も荒廃したが、セラペウムの姉妹図書館はさらに約百年間命を長らえた末、三九一年に破壊された。

＊

紀元前三二〇年に『大洋について』が書かれてから、紀元二七〇年頃ペルガモンの大図書館が破壊されるまでの約六百年間、ピュテアスの旅の物語が記された数少ないパピルスの巻物はどうなったのだろうか。それは分からないが、少なくとも、この時期に学者は写本一巻を手に取ることができた。ペルガモンの図書館の蔵書が移送されるまでは、ペルガモンにもう一巻あったと考えられ、他にもアテネ、ロードス島、アンティオキアなど小規模の図書館にもあったかも知れない。とはいえ、『大洋について』を直接資料に使った後世の学者の多くはアレキサンドリアで見たのだろう。

その一人は、まずキュレネーのエラトステネスである。アレキサンドリア図書館長としての地位のほかにも、屈指の学者であり、文献学と哲学、歴史学、地理学、天文学などあらゆる学問に通じていた。紀元前二七五年に現在のリビアであるキュレネーに生まれ、アテネで学問を積んだ後、アレキサンドリアでプトレマイオス王の王子の家庭教師になった。ここで大図書館の館長に就任し、紀元前一九六年頃に没した。視力を失い生きる意欲を失くして、食を断って死んだ。エラトステネスの桁外れの創作活動の成果は残っておらず、他の作品に引用が見られるだけである。同時代人からは活動範囲を広げすぎたために第一級の学者になり損ねたと評されるが（よって、あだ名は「ベータ（二番目の意）」）、地理学者として多大な貢献をした。

エラトステネスの最も有名な著作は『地理学（The Geography）』で三巻から成る。ストラボンは大いにこれを参考にした。はるかに時代の先をいく独創性豊かな研究だったにちがいない。彼が推定した地球の周囲はかなり正確であり、測定に用いた単位スタディオンのために一～十二パーセント程度の違いがあるにすぎない。エラトステネスは知られている範囲の東西の長さも推定し、ジブラルタル海峡－ガンジス川までは測定した円周の三分の一より少し広いとした。それほど大きな違いではなかった。実際には三六〇度のうちの一三〇度である。他にも、ヨーロッパのよく知られた地点を通る緯線を制定しようとしていた。総じてエラトステネスの『地理学』は偉大な業績である。

彼のような学者がピュテアスの知識を採用したことは興味深い。ストラボンはエラトステネスが六カ所でピュテアスを資料にしていると書いている。極北とブリタニケー、アルモリカ半島の西の領域、イベリア半島についてである。エラトステネスはピュテアスが北西の遠隔地について書いたものを、それまでのギリシャ人にはない客観的な記述として進んで受け入れたのだろう。

エラトステネスの研究は広く知られ、ヒッパルコスはエラトステネスの研究を土台に緯線の数学的体系を進化させた。ヒッパルコスは小アジア北西部ビテュニアのニカイア（トルコ北西部）で生まれた。アレキサンドリアにいたこともあるが、創造活動を行ったのはロードス島である。彼の一生についての記録は残っていないが、最盛期は紀元前一六〇年～前一三〇年だったらしい。彼は地理学者よりも数学者として偉大であり、それ故にヒッパルコスはピュテアスの北方の探検や住民よりも、太陽や星座の観測に強い関心があった。現存する書『アラトスの『現象』とエウドニクソスについて（Commentary on the Phenomena of Aratos and Eudoxos）』では、ピュテアスの北極点周辺の星座の位置の観測が正しいことを認め、また、『エラトステネスの地理学に対する批判（Against Eratosthenes）』（先人の見解に対する批判の書で、ストラボンの同書に関する論述から分かるのみ）では、ピュテアスの至点における太陽の測定値を確かなものとし、そこから緯線を計算した。

紀元前三世紀、前二世紀に出た三人の偉大な科学者と一人の第一級の歴史家が文句なしに『大洋について』を資料に使い、ピュテアスに同時代人に対するような評価を与えている。

しかし、誰もがピュテアスの研究の正しさを認めたわけではなかった。ヒッパルコスとほぼ同時代に活躍したポリュビオスは辛辣に批判した。その理由を理解するためにはポリュビオスの人となりと、彼が歩んだ複雑な人生や政治的背景に多少触れる必要がある。

ポリュビオスはギリシャ人で、紀元前二〇〇年頃にメガロポリス〔ペロポネソス半島の中央部にあった古代都市〕の貴族の家に生まれた。当時ローマは拡大発展期にあり、アカイア（ギリシャ）はまだ自由だったが、長くは続かなかった。紀元前一六八年ピュドナ〔マケドニア南部のエーゲ海沿岸地方〕の戦いでアエミリウス・パウルス率いるローマ軍はギリシャの反乱に勝利し、以後長く続くローマの支配が始まった。この戦いの余波でアカイアは芸術品を略奪され、数多くの政治犯が捕らえられた。その一人がポリュビオスであり、ローマに連行された。ポリュビオスは当時三十代の初めだったが、連行されたことが彼にとって大きなチャンスになった。とくにアエミリウス・パウルスの息子スキピオ・アエミリアヌス（小スキピオ）と親交を結び、家族の一員のように生活して一家の後ろ盾を得た。

ポリュビオスが『歴史（The Histories）』の執筆に取りかかったのはローマだった。これはアカイア人に向けて、ローマの政体および、なぜローマが地中海の覇者になったかを説いた。彼は断言した。「ローマ人がわずか五十三年間でどのように、また、いかなる法の下でほぼ世界を支配するに至ったかを知りたいと思わない人間は思慮が浅く、無責任である。歴史上比類ない出来事ではないか」と。『歴史』は初め紀元前二二〇年〜前一六八年までを対象にしていたが、後に前一四六年まで拡大した。最終的には四十巻を数え、第一巻から第三十三巻は前一五三年までを扱った。第三十四巻は地理で、第三十五巻から第四十巻は紀元前一五二年から前一四六年までを扱った。

本の執筆と編集に約五十年を費やし——最近の時代のことは紀元前一一八年後につけ加えられた——一部は完成を待たずに出版された。第十五巻までは紀元前一四七年には出版されたらしく、ローマにいたとき執筆されたのだろう。

ポリュビュオスらギリシャ人の追放は紀元前一五〇年に終わり、元老院は生き残った政治犯三百人を故郷へ帰すことにした。すでに老齢に達した者が多く、カトー（大カトー。紀元前二三四年〜前一四九年。政治家、文筆家）は、ギリシャの葬儀屋の手に委ねたらどうかと冗談を言った。ポリュビオスも五十歳ぐらいになっていた。この頃には彼は旅好きになっていた。一年ほど前からスキピオの側近の一人となり、用務で北アフリカやスペインを訪れた。やや後にハンニバルがアルプス越えをしたルートも調べた。前一四九年にローマに戻ってきたときは、カルタゴとの戦争が始まろうとするところで、ポリュビオスは顧問としてローマ軍に入るよう薦められた。彼はチャンスに恵まれて喜び、紀元前一四六年スキピオに同行し、ローマ軍がこの大都市を容赦なく破壊し尽くすのを目撃した。数カ月後、ポリュビオスはスキピオから与えられた船でヘーラクレースの柱から大西洋に出、アフリカ大陸沿岸を南下し、イベリア半島西岸を北上した。ポリュビオスの言うとおり「アフリカとスペイン、ガリア地域とその沖への航海」で彼は大いに刺激を受けた。いまや彼は東のギリシャ人に西の世界について説明する使命があると自負していた。

ポリュビオスは、紀元前一四六年秋にローマ軍がコリントスを破壊して後まもなく、故郷メガロポリスへ帰った。その後はときどきローマを訪れ、また、紀元前一三三年のローマ軍によるイベリア半島北部の古代ケルトイベリア地方の都市ヌマンティア包囲の際にスキピオに同行した可能性もあるが、紀元前一一八年に没するまでほとんど故郷で過ごしたようである。落馬して八十二歳で死んだという。紀元前一四五年、あるいは、その直後、プトレマイオス朝エウエルゲテス二世の治世のとき、彼がアレキサンドリアを訪問したことはとても重要な旅になった。アレキサンドリア図書館で『歴史』を書くためにいろいろ調べ物をしたと考えても不思議ではない。

ポリュビオスは、自分が生きた時代の出来事を書き残した優れた歴史家だった。アカイア人貴族であり、後にスキピオの信頼厚い側近としての特権的立場から、彼はその時代の権力者に非常に近く、歴史を決定づけた数々の瞬間に立ち会った。その場に居合わせたことや体験が彼の『歴史』を的確なものにしている。しかし、欠点がないわけでもなく、それが判断を左右し、議論を長引かせることにもなった。歴史を創る立場にいる行動的な人間である彼には、歴史家としてじっくり考える時間がなかった。彼はこう言っている。「行動する人間が歴史を書こうとするとき……または、歴史家になろうとする者が腕を磨くために欠かせない実地訓練と見做すとき、歴史を悪く言わないだろう」と。プラトンと同じことを言っているが、自分に都合よく職務内容経歴書を書くようなものである。彼の攻撃の矛先はティマイオスに向けられる。ティマイオスは戦争も現実の世界も知らずに、約五十年間アテネの図書館で人生を送り、歴史を書いたといわれていた。ポリュビオスの批判は的を射ており、ある意味で正しいが、批判は個人攻撃的な色彩が強かった。ポリュビオスはティマイオスが完璧な歴史家であると認めざるを得ないのだが、それでも「事柄によっては、高名な歴史家であれほど経験不足で注意力を欠く人物を私は知らない」と言って憚らなかった。ティマイオスは広く各地で名前を知られた歴史家だった。ポリュビオスはティマイオスの信用を落とすことで、ライバルを蹴落として自分の名声を高めたかったのではないだろうか。学者の世界ではよくあることだ。

しかし、苛立ちは他にもあったかも知れない。ポリュビオスは紀元前一四五年から前一三五年までの一時期にアレキサンドリアを訪れた。最近フランスの学者がこう述べている。ポリュビオスはアレキサンドリアで遠い西の世界ついてはティマイオスが最高権威者であると思われていることを知り、この地域を旅してきたばかりの自分が権威者であると主張したかったのではないかというのだ。おもしろい仮説で、議論を深めてもいいのではないか。察するに、ポリュビオスはアレキサンドリアへ行く途中で初めてピュテアスの『大洋について』を目にし、紀元前一四六年の自分の大西洋航海が百五十年も前のピュテアスに出し抜かれたと思ったのだろう。ピュテアスの正しさを盛んに攻撃するのは、学問上の激しい嫉妬にほかならない。

ポリュビオスは大西洋航海の後『歴史』を執筆中のある段階で既刊の第三巻に追加を行った。その理由を彼は、研究の後半にアフリカとスペイン、ガリア、大西洋を旅し、それを土台に地中海と大西洋に挟まれた地域に暮らすイベリアの蛮族について、また、ヘーラクレースの柱と外海、イギリス諸島、錫の交易、イベリアの金・銀鉱山について書くつもりだったと述べた。この意図を語る際、ポリュビオスは、書き上げたばかりか、これから書こうとしていた主に地理学の第三十四巻に言及していた。残念ながら第三十四巻は原本の形では残っていないが、ストラボンとアテナイオス、プリニウスの作品の中に引用されていて、ある程度の内容は復元できる。

第三十四巻は世界の概観とヨーロッパの詳述、アフリカ見聞から構成されていると考えられる。歴史の背景説明のようだが、その実はイベリア半島とガリア、アフリカ、さらに遠い大西洋地域についてポリュビオスが実際に見てきたことを披露して、意味ある知的貢献を図りたいという辺りにあった。そのためには以前のものを全て否定しなければならなかった。この背景を背にポリュビオスのピュテアスやティマイオスに対する強い苛立ちは読者に伝わる。ティマイオスの書物は広く読まれており、さまざまな箇所でピュテアスの正しさが引用されている。ポリュビオスはティマイオスについては「事柄によっては」注意力に欠け、経験不足であると指摘するにとどめているが、ピュテアスについては人格否定にも似たやり方で評判を傷つけた。彼は自分が貴族であり、スキピオ・アエミリアヌスという有力者が後ろ盾になってくれているとして「あんな貧しい平民」のピュテアスとはちがうと主張した。そんな男にあれほど遠い旅を「船と徒歩」でやり遂げられるだろうか、と述べた。もっとひどいのは、ピュテアスは商人であり、そういう輩は信用できない。商人は「大げさな作り話」をしたがるものと仄めかしていたことだ。ピュテアスの言うことは全部いんちきなのに「彼の話に惑わされる人間が多い」と。中でも、ティマイオスとエラトステネス、ディカイアルコスがそうであり、次々と批判を浴びていると暗に述べている。

ピュテアスの名声に対するポリュビオスの攻撃は徹底していた。第三十四巻でピュテアスに反証して正しさを否定したのか、あるいは、ストラボンのように非難やあてこすりに終始したのかどうかを確かめることはできないが非難は延々と続いた。

ピュテアスの信用を傷つけるポリュビオスの非難には、紀元前一世紀末から紀元後一世紀初頭にかけて著作活動していたストラボンが加担した。ストラボンは紀元前六四年か前六三年に小アジア（現在のトルコ）の北東にある黒海南岸のポントス王国の首都アマセイアで生まれた。当時ポンペイウスがこの地方を征服し、地方豪族の生まれである彼が成長したのはポントスがローマ帝国に吸収されていった時期だった。ストラボンは土地で最高の教師からギリシャ語を学び、二十代の初めにローマで五年間教育を受けた。若い頃に故郷でローマの行政局に務め、地中海の東部地域を広く旅し、アレキサンドリアにもしばらく滞在したことがあった。紀元前二九年、三十三歳でローマに落ち着き、『歴史（Historical Memoranda）』四十七巻、『地理誌（Geography）』十七巻の著作に従事した。ストラボンは紀元後二四年頃に八十八歳で没した。そんなところが彼の目立たない一生だった。

ストラボンの『歴史』が対象にする時代は、紀元前一四六年のカルタゴ滅亡（ポリュビオスの『歴史』はそこで終わる）から紀元前三一年にアレキサンドリアがローマに滅ぼされたときまでのようだ。『歴史』はあまり広く知られず、二世紀初頭には完全に失われてしまった。『地理誌』のほうは紀元後一〇〇年ぐらいまでは全く知られていなかったか、知られていたとしても現存する一世紀の学者の著書には引用されていなかった。広く読まれ、写本が作られたのは後世であり、現存する最古の文献は六世紀のものである。

ストラボンの『地理誌』はさまざまな書物から資料を集めたとりとめのない作品だが、当時の最新知識を用いようとした形跡はほとんどない。対象範囲はおそろしく広いが、地理的にはバランスを欠き、著者がよく知っている地域に重点を置いたのも無理はない。ストラボンは科学には興味がなく、科学する心が欠けていて、科学的に扱うべきところがとくに不注意だった。これらの欠点をすべて除いても、最近ある批評家が「現存していること自体がありがたい」と若干の賞賛をこめて酷評したとおりである。ストラボンの作品がなければ大量の資料が完全に失われていただろう。

ストラボンの地理学に対する考え方ははっきりしている――歴史の付属物であり、教養ある読者への背景説明であるとともに、軍人やローマの行政官が必要な知識の源泉だった。これと似ているのが、第二次世界大戦のとき地理学者グループが作成した『海軍情報便覧（the Naval Intelligence Handbooks）』だろう。連合軍が敵国になりそうな国々の情勢について取り纏めたものだ（後に蒐集家にとっては貴重な価値あるものになったところもよく似ている）。ストラボンにとっては「人が住む世界」だけが対象だったのである。つまり、遠く離れた地域について思いめぐらし、記述することは無用であり、時間の浪費だった。「地理学に関心のある者にとって、我々が住む世界の外についてあれこれ考える必要はないし、いわんや政治家に測定値の千差万別について説明すべきではない。つまり、証明のように実に難解で無味乾燥なものだ」（『地理誌』二・五・三四）。

ストラボンが直接触れた西方の知識は非常に限られている。とくに彼はイタリアから西へは行ったことがない。体験した事実に基づいてしっかり掌握された地理学を打ち立てたかのように見えるが、大西洋側の遠隔地に関してはだいたい心許なかった。ピレネー山脈とライン川は南北に走るとするなどに端的に表れている。ピレネー山脈の西にはイベリア半島北岸が東西に横たわり、ピレネー山脈とライン川の間はケルティケー海岸が南西から北東へほぼ真っ直ぐに走っている。ブリテンは、長さはケルティケーとほぼ等しく、ケルティケーとほぼ並行に並んでおり、北端のケントはライン川の河口の向かい側にあるとストラボンは信じていた。ケントは「島で、ブリテンからあまり遠くないが、寒冷であるために人はほとんど住んでいない」さらに「ケント以遠は人が住めない地域であると考えられる」と述べている。もう一つの誤解は、緯度が等しいと気候は同じであると考えたことだった。たとえば、メキシコ湾流の影響でヨーロッパの大西洋沿岸地域が暖かくなることを否定した。また、人が生活できる限界は北緯五十五度から五十八度までと考えた。現在のスコットランドやデンマークは限界線ぎりぎりだったということになる。

ストラボンがどうしてこんな妙に歪んだ地理学を打ち立てるに至ったかは理解し難い。彼の子供時代に、ローマ軍はユリウス・カエサル指揮下にガリア地方全域を暴れ回り、海岸地方の事情も把握した。カエサルはブリテンにも二度遠征した。その結果、そして、ストラボンが執筆に没頭している間にも、ガリアにはローマの統治制度が張りめぐらされ、その地理はよく知られるようになった。他方、ローマは何度も使者を派遣して交易の可能性を探ったので、ブリテンに関する正確な知識も広まっただろう。これらの新しい知識が手に届くところにありながら、不正確で古臭い先入観にしがみついていたのにはあきれるばかりだ。ストラボンは自分と異なる見解には猛烈に反対して自説を守った。

対立の最たるものはピュテアスの説だった。ストラボンが『大洋について』を読んだかどうかは完全には明らかではない。確かに彼の著作の中には『大洋について』から直接引用したことを匂わせるものはないし、ほとんどの場合、彼はポリュビオスとティマイオス、エラトステネス、ディカイアルコス、ほかにアルテミドロスやポセイドニオスの二人の著作を通じて二次的に知識を得ていることを明らかにしている。いずれにしても、ストラボンはピュテアスの説が全く気に入らなかったのである。

スペインとケルティケー、ブリテンとの関連では、ストラボンの先入観と合致しなかった――大きなアルモリカ半島が西に突出しているとは考えられなかったし、アルモリカからブリテンまでの航海日数も、また、ピュテアスが北緯五十五度〜五十八度以北にも人間が住むと書いたことも受け入れ難かった。馬鹿げているとしか思えなかった。ピュテアスが語る極北の島に関しては、人が住んでいないから無意味であり「よく知られている場所について嘘八百を並べ立てる者は、よく知られていない土地について真実を述べることはまずないだろう」と考えた。つまり、ピュテアスの観察結果の中にはストラボンの誤った地理学と矛盾するところがあるので、ピュテアス説はすべて受け入れられないと言ったのだ。

だからストラボンは、ポリュビオスがピュテアスを否定して強い非難を浴びせたことを大いに喜んだ。ピュテアスほど「悪質な嘘つきはいない」、「無知ゆえに信用した人々を欺いた」、「ピュテアスは大胆にもあんな嘘をついた」、これらは全て「ピュテアスの作り話である」。一度だけストラボンはピュテアスの科学的観察の中には役立つものがあったかも知れないと不承不承認めている箇所がある。はるか北の領域に言及した後で「天体現象と数理上の観察結果を活用したのだろう」と述べている。しかし、本人も認めるとおり、この種のことはストラボンには全く関心がなかった。

ピュテアスの考えについてストラボンが完全に二次的な資料に頼っていた可能性があるということは、アレキサンドリアを訪れたときであれ、アレキサンドリア以外のどこの図書館であれ

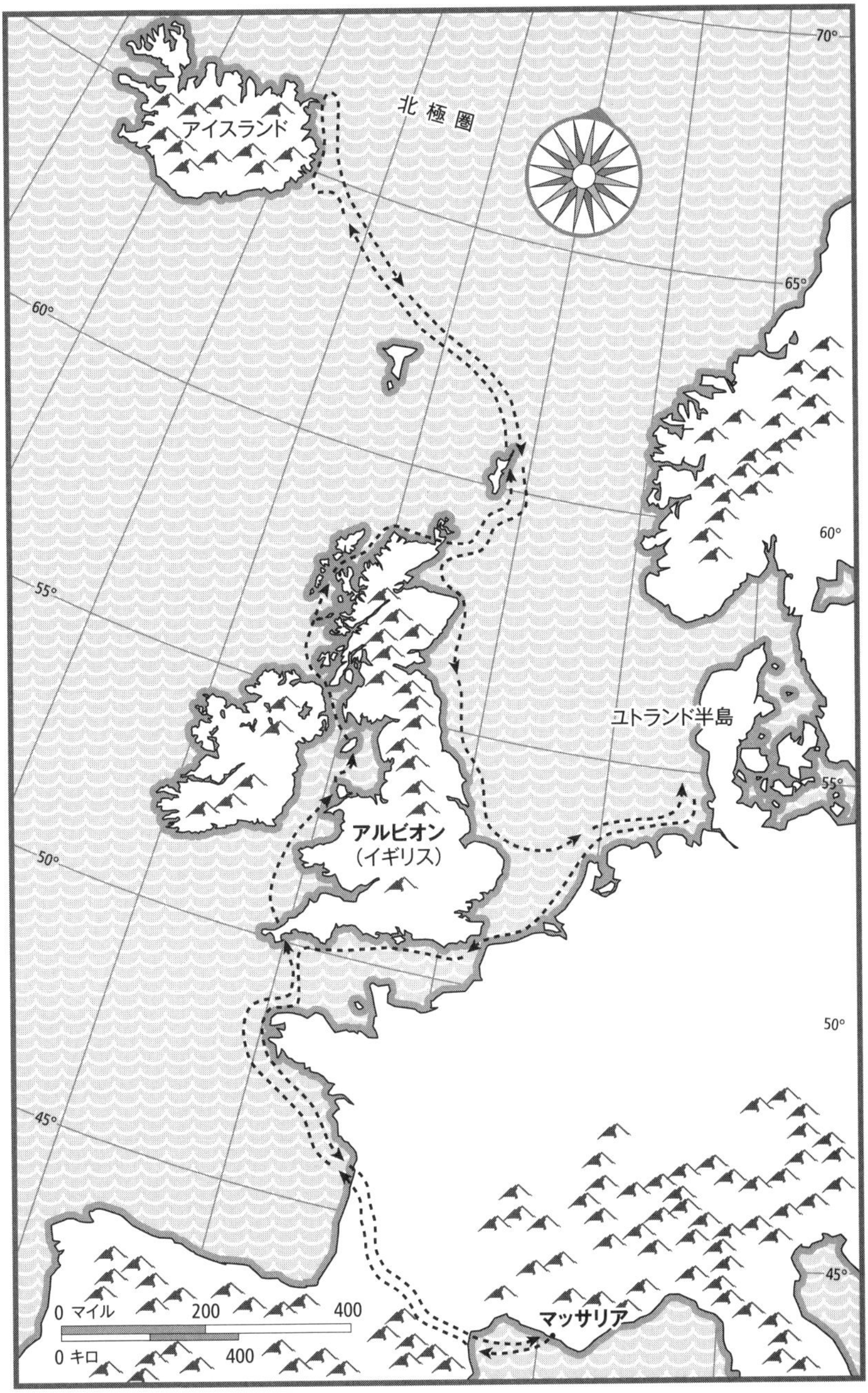

70°
北極圏
アイスランド
65°
60°
60°
55°
ユトランド半島
55°
アルビオン
（イギリス）
50°
50°
45°
45°
0 マイル
200
400
0 キロ
400
マッサリア

『大洋について』を直接手に取ったことがあるのかどうかという疑問が生まれる。もし手にとっていたならば、内容を良く調べたはずだからだ。もしかするとユリウス・カエサルが紀元前四七年三月にアレキサンドリアのポンペイウスの宮殿を包囲した際に『大洋について』は大図書館を包んだ炎に焼かれてしまったのではないだろうか。その可能性が大であるとしても、他の図書館にも写本は確かにあった。紀元前二世紀半ば、ロードス島で研究者としての人生の大半を過ごした天文学者ヒッパルコスは明らかに『大洋について』を入手していた。これはロードス島のゲミノスが天文学に関する自著を執筆していた際に資料に使った写本と同一である。

ゲミノスは『大洋について』から直接に長文を引用している。極北に近いところでは夜が短いことを述べた箇所である。ゲミノスが本を著した正確な年代は不明で、紀元前三〇年頃とする説や、前五〇年頃とする説がある。いずれにせよ、アレキサンドリア図書館の焼失後だいぶ経ってからだった。

一世紀の三人の学者がピュテアスを資料にしている。アエティウスとクレオメデスは簡単に触れているだけだが、七九年にヴェスヴィオス火山の噴火で命を落としたプリニウスは『博物誌』三十七巻のうち三巻にピュテアスの観測結果をかなり使用している。プリニウスはどの巻にも巻頭に出典を明記しているのでありがたい。第二巻と第四巻、第三十七巻にとくにピュテアスからの引用が見られる。極北の島とブリテンの記述、コーンウォールの錫の産地、琥珀がとれる海岸や島々についての記述は確かにピュテアスを原典としているが、どの程度まで『大洋について』

の知識を直接資料に使ったのか、ティマイオスなどの本を通じてどれくらい二次的な知識を集めたのかは不明である。ピュテアスを源泉とする何もかもが間接的に引用された可能性も大いにある。そうであれば、現存する文献で『大洋について』を実際に用いたのはロードス島のゲミノスが最後かもしれない。

プリニウスはストラボンの『地理誌』を知らなかった、また、彼はポリュビオスを使用できたが、ピュテアスに厚い信頼を置いていた。

その後は痕跡が途絶える。世界の流れは変わり、次の三百年間には学者の関心が他に移った。五世紀、六世紀のビザンチン帝国の学者は、ときおりピュテアスや彼の発見について触れたが、航海から九百年にもなると学者たちの関心も懐古趣味になった。

*

近年、ピュテアスとその業績に大きな関心が払われるようになっており、現代の学者はピュテアスの話が真実であることと彼の正確さを一致して認めている。M・ケリー、および、E・H・ウォーミントンは一九二九年に出版した『古代の探検家たち』で「科学的発見という意味では、十五世紀初頭のポルトガルのエンリケ航海王の時代以前では、ピュテアスの航海ほど実り豊かな航海はないとつくづく思う」と述べている。カナダの極地探検家で、一九四二年に『極北の島《ウルティマ・トゥーレ》』

を発表したヴィルヒャムル・ステファンソンは彼を「ダーウィンの香りのするコロンブス、つまり、ジェームズ・クックとガリレオの要素を併せ持つ人物だろう」と惜しみない称賛を与えている。だから、ポリュビオスが激しい嫉妬心から、また、ストラボンが狭い了見からケチをつけようとしても、世界はこの幻のマッサリア人の輝かしい勇敢さを認めずにはいない。

ピュテアスがどんな人物だったかは永久に分からないが、不屈の意志と何ものをも恐れぬ勇気、そして飽くなき好奇心がなければ航海を成し遂げられなかったはずである。ピュテアスは『大洋について』を執筆した後どんな人生を送ったのだろうか。もう一度旅に出たまま戻らなかったのだろうか。それとも年老いてからマッサリアの海辺の飲み屋でぶらぶら過ごし、聞きたい人に自分の冒険談を話して聞かせたのだろうか。ここからは歴史や考古学の断片から解き放たれ、自由な想像にお任せしよう。

参考文献

本書ではあえて脚注や参照を入れず、読者がそういうものに煩わされることなく読み進められるように配慮した。しかし、本書をきっかけにさらに詳しいことを知りたいと思う方々も少なくないと思われるので、巻末に参考文献を挙げる。

ギリシャ人探検家の世界に入るために定評ある格好の一冊は、
Rhys Carpenter. "Beyond the Pillars of Hercules: The Classical World Seen Through the Eyes of its Discoverers" (Delacorte Press, New York 1966) である。ピュテアスについて一章が割かれ、その業績は幅広い観点から他のギリシャ人、フェニキア人の探検と比較考察されている。

同じ主題を扱っているが、もっと以前の優れた学術的な文献としては、
M. Cary and E. H. Warmington. "The Ancient Explorers" (Methuen, London 1929)
学術的で詳しい文献が載っている本を求める向きには、
J. O. Thomson. "History of Ancient Geography" (Cambridge University Press 1948) をお薦めする。
ギリシャ世界に関する文献は非常に多く、一口にこれが良いとは言い切れないが、以下の四冊

は本書のテーマと直結している。

マッサリアに関する有益な概説書として、

A.T.Hodges. “Ancient Greek France” (Duckwrth, London 1998)

マッサリアと奥地に関する考古学に関する最も新しい内容で美しい図解入りのものとして、

A. Hermary, A. Hesnard and H. Tréziny. “Marseille Grecque: La cité phocéenne (600-49 av.J.-C.)” (Errance, Paris 1999)

数学が嫌いでなければ、難解なギリシャの天文学について詳しく知りたい読者向けに役立つ入門書は、

D.R. Dicks. “Early Greek Astronomy to Aristotle” (Thames and Hudson, London 1970)

緯線に関してもっと詳しく研究されたい向きには、

D.R. Dicks. “The Geographical Fragments of Hipparchus” (Athlone Press, London 1960)

地中海から北の蛮族の土地へ目を移し、ヨーロッパの鉄器時代の概観については小書

Barry Cunliffe. “The Ancient Celts” (Oxford University Press 1997)

鉄器時代のアルモリカ半島に関する地域研究として

P.-R.. Giot, J. Briard and L. Pape. “Protohistoire de la Bretagne” (Éditions Ouest-France, Rennes 1995 second edition)

ブリテンに関する概説書として小書

Barry Cunliffe. “Iron Age Britain” (Batsford/English Heritage, London 1995)

ブリテンに関する詳細な解説書として小書

Barry Cunliffe. “Iron Age Communities of Britain” (Routledge, 1991 London third edition)

船と航海という興味の尽きないテーマについて最も参考になると思われるのは、

S. McGrail. “Ancient Boats in North-West Europe: The Archaeology of Water Transport to AD 1500” (Longman, London 1998 second edition)

古典作家の原典批評は範囲が非常に広く学問的な研究分野であり、直接関係があると考えられる三冊は次のとおり。

F. W. Walbank. “Polybius” (University of California Press, Berkeley 1972)

J. P. Murrphy. “Rufus Festus Avienus, Ora Maritima” (Ares Publishers, Chicago 1977)

C. H. Roseman. “Pytheas of Massalia, On the Ocean” (Ares Pubulishers, Chicago 1994)

この最後の著書はピュテアスの旅の話に関する原典（ラテン語またはギリシャ語）を網羅し批評した貴重な文献である。ピュテアスは舟を現地調達したのではないかと提唱したのはローズマンであり、私は非常に刺激を受けてこの考えを発展させた。

最後に、ピュテアスの熱烈なファンのために、尽きない魅力をもつこのギリシャ人の偉業から生まれた文献の概ね包括的なリストを挙げる。

1893　C.R. Markham. "Pytheas the Discoverer of Britain" (Geographical Journal, June 1893)

1893　G. Hergt. "Pytheas" (Halle)

1911　F. Nansen. "In Northern Mists" (London)

1929　M.Cary and E. H. Warmington. "The Ancient Explorers" (London), pp.33-40

1933　J.Malye. "Pythéas", Bulletin de l'Association Guillaume Budé, Paris October 933

1936　G.E.Broche. "Pytheas le Massaliote" (Marseille)

1942　V. Stefansson. "Ultima Thule" (New York)

1952　H.J.Mette. "Pytheas von Marseille" (Berlin)

1954　E. Davin. "Pythéas le Massaliote" Bulletin de l'Association Guillaume Budé, 2:60-71

1959　D. Stichtenoth. "Pytheas von Marseille" Über das Weltmeer (Weimar-Cologne)

1966　R.Carpenter. "Beyond the Pillars of Hercules" (New York) (ch.V)

1975　P.Fabre. "Étude sur Pythéas le Massaliote et l'Époque de ses Travaux" Les Etudes Classiques, 43:25-44

1975　C.F.C. Hawkes. "Pytheas: Europe and the Greek Explorers" (Oxford)

1981 I. Whitaker. “The Problem of Pytheas’ Thule” Classical Journal 77:148-64
1985 R.Wenskus. “Pytheas und der Bersteinhandle” in K. Düwel et al. Untersuchungen zu Handel und Verker der vor-und frügeschichtlichen Zeit in Mittel- und Nordeuropa, i（Göttingen）, pp.84-108
1994 C.H.Roseman. “Pytheas of Massalia: On the ocean” Text, Translation and Commentary（Chicago）

ピュテアスの物語は何世代にも亘って多くの作家を魅了してきた。本書はこの謎の人物の業績が陽の目を見ることを願い、ピュテアス論争の一助となれば幸いである。

記

ギリシャ・ローマの原典の翻訳については、権威者の訳を使用せず、複数の訳を参考にした。中でも、ローブ古典対訳文庫のほかP・ワイズマン、J・J・ティエルニー、G・ローリンソン、C・H・ローズマンなどの著書を参考にした。アヴィエヌス『オラ・マリティマ』の翻訳については、J・P・マーフィー著『ルフュス・フェストゥス・アヴィエヌスの「オラ・マリティマ」』（一九七七年シカゴのエアリーズ出版社）に従った。

訳者あとがき

本書は、二〇〇七年までオックスフォード大学ヨーロッパ考古学教授を務めたバリー・カンリフ（サー・バリントン・ウィンザー・カンリフ）の二〇〇一年の著作です。カンリフ氏はヨーロッパ考古学、及びケルト文化の権威であり、現在もイギリス考古学会の重鎮として活躍し、多くの著作を発表しています。ピュテアスの熱烈なファンでもあるということです。

本書との出会いは十数年前のことで、当時まだあった洋書店の書棚で見つけました。青と白を基調に氷の世界を航海する一艘の小舟が描かれた美しい装丁に引かれて手に取りました。紀元前四世紀の古代ギリシャ人による北極圏への旅の物語で、日本ではほとんど知られておらず、私も初めて聞く話であり、本当に史実なのかと興味を持ちました。当時は翻訳者を志して精進していた日々でしたが、昔からギリシャ的なものへの憧れが強く、是非これを訳したいと意気込んで翻訳にとりかかりました。しかし、古代の話であり、名称や地名、古代の天文学、地理など難解でイメージを掴むのに苦労しました。約二十年前はインターネット検索内容もそれほど充実しておらず、図書館で調べても辿り着けなかった名称もあって、図書館の調査員の方に迷惑をかけることもあり、かなりエネルギーを傾注しました。出版に関しても無知で、思いつく限りの出版社に次々と刊行の可能性について打診しましたが、返事はないか、稀にあっても「日本人には馴染まない」といった趣旨のお断りでした。こうして時が流れ、訳稿は十数年間引き出しに仕舞い込んだままでした。

ところが、一昨夏のハプニングと言えるでしょうか、高級ブティック・エルメス社のスカーフ「ピュテアスの航海」が人気で完売したとのニュースに偶然接し、信じられない思いでネットを検索すると、ヨーロッパの地図にピュテアスの舟や植物、鉱物が描かれたスカーフを見つけました。日本ではピュテアスを知る人はほとんどいないと思っていましたが、欧米（と日本）でスカーフが完売するほど、よく知られている史実であることを認識しました。また、世の中の空気も約二十年前とは大きく様変わりし、アニメや漫画などファンタジーが求められているような気もいたしました。さっそく訳稿を引っ張り出して、青土社に照会したところ、本書の価値を認めていただき出版に結びつきました。同社と編集の方々のご厚意に深く感謝いたします。

著者は本書の執筆に当たり、脚注や参照を入れずに読者が読み進めるように配慮したとありますが、翻訳に当たっては〈訳註〉がないと分かりにくいと思われる用語には〈訳註〉を入れたため、著者の意図に反して多数の脚注が入る結果となって読みにくさにつながったかもしれません。

謎が多いとはいえ、今から二千三百年前、極北へ航海した人物が存在した事実は驚異であり、謎に満ちた古代史の魅力を味わえると思います。

最後に本書の出版にあたり青土社と編集部長の菱沼達也氏にはご高配を賜り、改めて深くお礼を申し上げます。

索引

た行

な行

は行

ま行

や行

ら行

First published as
THE EXTRAORDINARY VOYAGE OF PYTHEAS THE GREEK in 2001
by Allen Lane, an imprint of Penguin Press.
Penguin Press is part of the Penguin Random House group of companies.

Japanese translation published by arrangement with Penguin Books Ltd.
through The English Agency (Japan) Ltd.

ギリシャ人ピュテアスの大航海
史上初めて北極へ旅した男

2023年 5 月 30 日　第 1 刷印刷
2023年 6 月 10 日　第 1 刷発行

著者――バリー・カンリフ
訳者――小林政子

発行人――清水一人
発行所――青土社
〒101-0051　東京都千代田区神田神保町 1-29　市瀬ビル
［電話］03-3291-9831（編集）　03-3294-7829（営業）
［振替］00190-7-192955

印刷・製本――シナノ印刷

装幀――國枝達也

Printed in Japan
ISBN978-4-7917-7559-0